T0120838

GET BETTER IN HAUSA, IGBO & YORUBA

Hausa, Igbo and Yoruba

YINKA AMUDA

authorHOUSE®

AuthorHouse™ UK
1663 Liberty Drive
Bloomington, IN 47403 USA
www.authorhouse.co.uk
Phone: 0800.197.4150

Published by AuthorHouse 04/19/2016

ISBN: 978-1-5246-2908-3 (sc)
ISBN: 978-1-5246-2909-0 (e)

Print information available on the last page.

Any people depicted in stock imagery provided by Thinkstock are models,
and such images are being used for illustrative purposes only.
Certain stock imagery © Thinkstock.

This book is printed on acid-free paper.

Because of the dynamic nature of the Internet, any web addresses or
links contained in this book may have changed since publication and
may no longer be valid. The views expressed in this work are solely
those of the author and do not necessarily reflect the views of the
publisher, and the publisher hereby disclaims any responsibility for them.

Main Contents

HAUSA

Contents - HAUSA

Exercise 1

Correct any mistakes you find in the following sentences:
Be ri mu giara wa dan na kuskure:

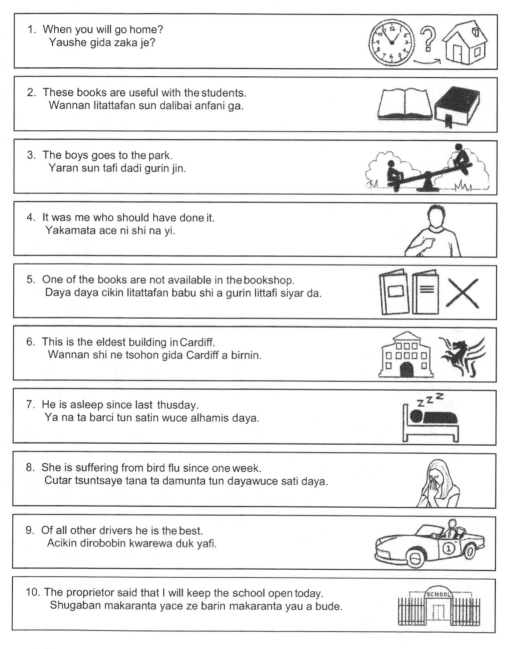

1. When you will go home?
   Yaushe gida zaka je?

2. These books are useful with the students.
   Wannan litattafan sun dalibai anfani ga.

3. The boys goes to the park.
   Yaran sun tafi dadi gurin jin.

4. It was me who should have done it.
   Yakamata ace ni shi na yi.

5. One of the books are not available in the bookshop.
   Daya daya cikin litattafan babu shi a gurin littafi siyar da.

6. This is the eldest building in Cardiff.
   Wannan shi ne tsohon gida Cardiff a birnin.

7. He is asleep since last thusday.
   Ya na ta barci tun satin wuce alhamis daya.

8. She is suffering from bird flu since one week.
   Cutar tsuntsaye tana ta damunta tun dayawuce sati daya.

9. Of all other drivers he is the best.
   Acikin dirobobin kwarewa duk yafi.

10. The proprietor said that I will keep the school open today.
    Shugaban makaranta yace ze barin makaranta yau a bude.

Exercise 2

Correct any mistakes you find in the following sentences:
Be ri mu giara wa dan na kuskure:

1. He has and he still agrees to your suggestion.
   Ya yarda kuma ya kara shawaran ka yadda da.

2. The author was bent in completing the book.
   Mawallafin littafi yakusa littafin sa kare wallafa.

3. He spoke no farther.
   Yayi magana iyaka har ba.

4. The last apprentice is admitted yesterday.
   Ankai almajirin asibiti karshe.

5. Many women was wounded in the street fight.
   Mata dayawa sun ji rauni a bisa unguwa fadan.

6. Many students was punish by the teacher.
   Malami ya hukunta dama dalibai da.

7. She was ashamed with her mistakes.
   Ta ji kunya a bisa da ta yi kuskuren.

8. The seven boys loved each other.
   Maza bakwai junansu suna san.

9. The two boys were quarrelling with one another.
   Wasu maza suna tsakanin su gaba a.

10. Your sister has many money.
    Yar hwarka tana masu yawa da kudi.

Exercise 3

Correct any mistakes you find in the following sentences:
Be ri mu giara wa dan na kuskure:

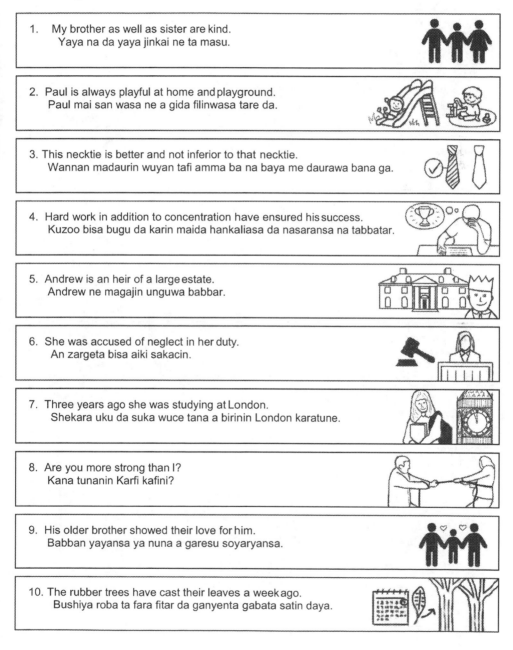

1. My brother as well as sister are kind.
    Yaya na da yaya jinkai ne ta masu.

2. Paul is always playful at home and playground.
    Paul mai san wasa ne a gida filinwasa tare da.

3. This necktie is better and not inferior to that necktie.
    Wannan madaurin wuyan tafi amma ba na baya me daurawa bana ga.

4. Hard work in addition to concentration have ensured his success.
    Kuzoo bisa bugu da karin maida hankaliasa da nasaransa na tabbatar.

5. Andrew is an heir of a large estate.
    Andrew ne magajin unguwa babbar.

6. She was accused of neglect in her duty.
    An zargeta bisa aiki sakacin.

7. Three years ago she was studying at London.
    Shekara uku da suka wuce tana a birinin London karatune.

8. Are you more strong than I?
    Kana tunanin Karfi kafini?

9. His older brother showed their love for him.
    Babban yayansa ya nuna a garesu soyaryansa.

10. The rubber trees have cast their leaves a week ago.
    Bushiya roba ta fara fitar da ganyenta gabata satin daya.

Exercise 4

Correct any mistakes you find in the following sentences:
Be ri mu giara wa dan na kuskure:

1. My older brother helping me.
    Babban yayana ya ni na taimaka.

2. She hang the pictures of the queen in the house.
    Ta rataya hoton a gida sarauniya.

3. The dancers prefer lose clothes.
    Musa rawa sunfi so da tufafinsu sako-saka.

4. One of the children tell me that an accident has taken place.
    Daya doga cikin yaran ne ya fada min ya faru cewa hatsarin.

5. She says that she would go home the following day.
    Tace zata a washegari tafi gida.

6. Many books were lying in the shelf.
    Littafa suna a mazauninsu shirye.

7. He is one of the private doctors that has gone to France.
    Yana daya daga cikin likitocin da tafiya France suka taba.

8. The news were alarming.
    Labarin gangami na.

9. Mathematics were not understood by her.
    Lissafi (Mathematics) baya daya take ganewa cikin abinda.

10. Miss Taylor returned the book which she cannot read.
    Miss Taylor ta dawo da litafin da ta karantawa kasa.

Exercise 5

Correct any mistakes you find in the following sentences:
Be ri mu giara wa dan na kuskure:

1. The girl which is weak is afraid of others.
    Yarinyan da tayi tsoron wasu rauni tana.

2. I would see that the homework is done.
    Se na tabbatar cewa aikingida (homework) shi an kammala.

3. She drinks few wine everyday.
    Tana shan giya yaushe a koda.

4. The man was unable to pay that what he owed.
    Mutumin ya kasa biyan dayaci bashin.

5. Her handwriting was eligible.
    Rubutun nata baya sosai nunawa.

6. Will you tell me the tale that what you have heard?
    Zaka iya fada min dakaji labarin?

7. Silver as well as lead have risen in price.
    Parashin azurfa tare de darma (lead) tashi ya.

8. The doctor had scarcely turned his back as the nurses shouted.
    Likitan ya juya bayansa a fusace a yayin da likita
    mace (nurse) ihu tayi.

9. The hospital has specious rooms.
    Asibitin na da dakuna fili masu.

10. The waiters partook refreshments served on a lavish scale.
    Muas sabissun dau bautawar hutawar a skale da akayi.

Exercise 6

Correct any mistakes you find in the following sentences:
Be ri mu giara wa dan na kuskure:

1. The lecturer's message was verbose, not written.
   Sakon malamin beyi a rubuce bakiba.

2. A special police unit was appointed to investigate into the troubles.
   Wasu yan sanda na musamman aka nada domin masifar binciken.

3. The boys that was in the bus were killed.
   Mazan dasuke cikin motar kashe aka.

4. The working class must lead an economic life.
   Masu aikin aji dole sukai ga rayuwa tattalin.

5. The two boys solved the difficulties of one another.
   Maza biyu sun magance matsalar shafe su da ta.

6. I am sick since five weeks.
   Na danyi rashin lafiya biyar ba kwana.

7. The clock who was lying on the table was destroyed.
   An bata agogo da aka ajiye tebur bisa.

8. Who did you tell the news to?
   Wa kika labarin fadawe?

9. Dennis does look pale does he?
   Dennis duba ya kode, ba ko beyi?

10. The lady which he loved was beautiful.
    Yariyar daya ke da kyan so tana.

6

Exercise 7

Correct any mistakes you find in the following sentences:
Be ri mu giara wa dan na kuskure:

1. She is angry to me.
   Tana dani fushi.

2. You may use this cup long as you want.
   Zaka iya amfani da kofin nan a duk dama sadda kaga.

3. Edison discovered modern electric light bulb.
   Edison ya kirkiro kwan na zamani fitila.

4. It is good to abstain to drink alcoholic drinks.
   Yana da kyau a dinga giya kaucewa.

5. David is best player.
   David ne dan wasa babban.

6. She is the honourable secretary to the club.
   An girmamata a kungiya sakatariyar.

7. I saw the palm tree who was blown down by the storm.
   Na gan bushiyar kwakwan ta buge da tsawa.

8. The prince not only gave him food and money also.
   Yarima ba abince kawai yake bashi kudi ba hard.

9. I take my breakfast before he came.
   Nariga nayi karrin kummala yashigo kafin.

10. The boys spoke the true.
    Yaran sun gaskiya fadi.

Exercice 8

Correct any mistakes you find in the following sentences:
Be ri mu giara wa dan na kuskure:

1. A sensible man provides about old age.
   Babban mutum baya shekarunsa wasa da.

2. Neither the tutors nor students was present at the dance.
   Tsakanin malaman koyarwa da dalibai halarci rawa ne suka.

3. The labourer does not works in field.
   Ma'aikacin baya a filin aiki.

4. I didn't like any of the present.
   Banasan ko daya daca kyatar cikin.

5. He is more honest of any other trader.
   Yafi rike gaskiya a tsakanin kasuwa su yan.

6. The French is a difficult language to learn.
   Yaran Faransa yana koyo da wahalar.

7. Each one of the boys were well versed in Mathematics.
   Duka daga cikin yaran kokari a na da fannin lisafi (Mathematics).

8. The boy was sitting besides his brother.
   Yaron yana zaune yayansa agefen.

9. The boy plunged under the river.
   Yaron ya afka Kogi cikin.

10. The girl and the boy guided one another in the dark.
    Yaro da yarinyar sun shiryu a tsakaninsu duhu a cikin.

Exercise 9

Correct any mistakes you find in the following sentences:
Be ri mu giara wa dan na kuskure:

1. This matter is between you and I.
   Wanan alamarin tsakanin kaine ni da.

2. The boy is as brave as I.
   Yaron kamar ni jarimi ne.

3. A new cloth is more better than an old cloth.
   Sabon tufafi tsoho yafi.

4. A lady must be careful in his domestic work.
   Mace ta dinga hankali akan aikin ta kullum na yauda.

5. She taken away all the books on the table.
   Ta kwashe litaffan tebur dake kan.

6. One cannot eat what he likes.
   Wani bazai iya cin abinda so ba wani baya.

7. Will you right letter to your mother?
   Zaka rubuta wasika mahaifiyarka izuwa ga?

8. The doctor cured the patient on the disease.
   Likitan ya warkar cutar sa dashi daga.

9. The man is stronger than I.
   Mutumin karfi yafini.

10. Each of the nurses were fined by the doctor.
    Likitan taran yaci likitoci mata (nurse).

Exercise 10

Correct any mistakes you find in the following sentences:
Be ri mu giara wa dan na kuskure:

1. This is one of the buildings that was built by the architect.
   Wannan yana daya daga cikin ginin da masu zanen suka gina gine-gine.

2. Wisdom is more preferable than wealth.
   Hikima zai fi dacewa dukiyar akan akan.

3. Each of the twenty students were invited to the theatre.
   Kowannen su daga cikin dalibai ashirin an gaiyace
   shi wasan kwaikwayo izuwa wajen.

4. One of the carpenters who was employed has been dismissed from the works.
   Daya daga cikin masu aikin masassakin (carpenter) da aka dauka,
   an kore aiki shi daga.

5. The workshop is much bad than before.
   Wuria aiki har muni yafi da.

6. The lecturer was angry on the students.
   Malamin yayi daliban fushi ga.

7. Health is important than wealth.
   Lafiya yafi mahimmanci dukiya akon.

8. London is largest of all UK cities.
   London shine babba U.K. a birnin.

9. Hard work is essential at success in examinations.
   Maida hankali muhimmin nasara jarabawa a gurin.

10. The patient go to the hospital everyday.
    Marasa lafiya suna zuwa a kodayaushe asibiti.

Exercise 11

Correct any mistakes you find in the following sentences:
Be ri mu giara wa dan na kuskure:

1. Birmingham is largest than any city in the Midlands.
   Birmingham yafi kowanne girma birni Midlands.

2. As it was Saturday afternoon, the shops are all closed.
   A yammacin ranar lahadi kowanne rufe yake shago a.

3. I think Andrew is best of the two at tennis.
   Ine tunanin Andrew yafi biyun sauran a tanis (tennis).

4. This was the severest blow we have ever endured before.
   Wanna shine dukan da bamu jimre ba taba.

5. Such book ought not to be given to children.
   Ba irin litafin dayakamata a yara bane baiwa.

6. The Mayor is the principle man in our district.
   Magajin gari babba a shine gundumar mu (district).

7. Neither Tom nor John are coming with me.
   Tsakanin tom da John biya ni¯ne zasu.

8. You and Charles is representing the town.
   Kai da charlse zaku gari wakilci.

9. The boys seemed to be nearly dressed alike.
   Mazan sunyi daban daban ade iri.

10. The father has real affectation for his sun.
    Mahaifin yana matukar dansa kaunar.

Exercise 12

Correct any mistakes you find in the following sentences:
Be ri mu giara wa dan na kuskure:

1. Freelance photographers are generally populous.
   Masu aikin daukar hoto sanannu ne a kullum.

2. One can behave as one likes in his own home.
   Wani na nuna hali ba kamar yadda gidan wani yake a.

3. I shall be pleased to accept your invitation for Sunday next.
   Na ji dadin a msar gaiyatar ka na satin me zuwa lahadi.

4. Mandy was a beautiful girl and who was loved by all her friends.
   Mandy yarinya ce kyakkyawa, kuma nasanta kawayenta.

5. Why does you lie?
   Meyasa karya kayi?

6. The girl tried to quick return.
   Yarinyar taso dawuri ta dawo.

7. Her dress is costlier than me.
   Rigarta tafi tsada nawa.

8. She will had to soon repent.
   Ta kusa tuba yin.

9. Each of the twelve girls were awarded price.
   Dukkaninsu daga cikin mata goma shabiyu kyauta an basu.

10. One of we must go to the meeting.
    Daya daga cikin mu se taron ya halarci.

Exercise 13

Correct any mistakes you find in the following sentences:
Be ri mu giara wa dan na kuskure:

1. I had saw the bird in the cage.
   Naga tsuntsunwar gidanta acikin.

2. The physician attended his patient.
   Likitan yana kula da lafiyar sa marasa.

3. You should try to keep this secret among you and me.
   Yakamata mu ajiye sirrin da kai nan tsakina.

4. "Great Expectations" was wrote by Charles Dickens.
   Charles Dickens ne wallafa "jira babban".

5. Becky frankly told him to immediately returned the fountain pen.
   Becky Frankly yace mai ya dawo da marmaron da gaggawa alkalami.

6. The hermit had to subsist with fruits.
   Tsira akan da sufi "yayan itace".

7. No single truant were traced by the teacher.
   Ba wani alamar dalibin da baya zuwa makaranta
   da ya malamin nuna ga.

8. Corporeal punishment is not allowed in the school.
   Ba wani azabtarwa na musamman daza a makaranta a kyalle.

9. The students study corporal objects in laboratory.
   Dalibai suna koyon abu na hakika koyo a gurin.

10. The two girls helped theirselves.
    Yaran mata biyu sun kansu taimaki.

13

Exercise 14

Correct any mistakes you find in the following sentences:
Be ri mu giara wa dan na kuskure:

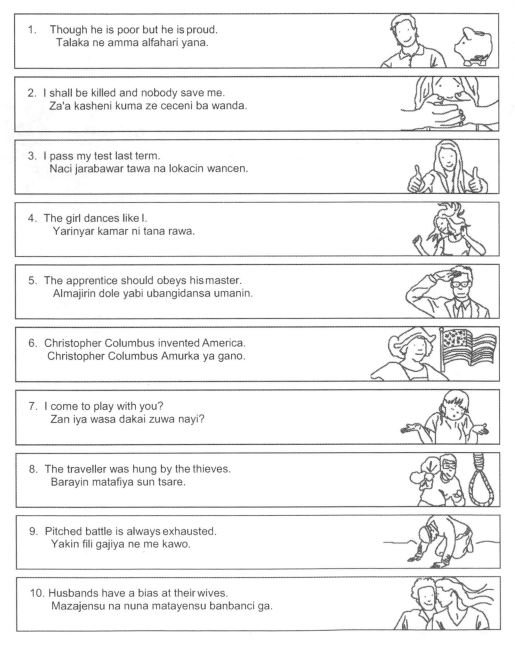

1. Though he is poor but he is proud.
    Talaka ne amma alfahari yana.

2. I shall be killed and nobody save me.
    Za'a kasheni kuma ze ceceni ba wanda.

3. I pass my test last term.
    Naci jarabawar tawa na lokacin wancen.

4. The girl dances like I.
    Yarinyar kamar ni tana rawa.

5. The apprentice should obeys his master.
    Almajirin dole yabi ubangidansa umanin.

6. Christopher Columbus invented America.
    Christopher Columbus Amurka ya gano.

7. I come to play with you?
    Zan iya wasa dakai zuwa nayi?

8. The traveller was hung by the thieves.
    Barayin matafiya sun tsare.

9. Pitched battle is always exhausted.
    Yakin fili gajiya ne me kawo.

10. Husbands have a bias at their wives.
    Mazajensu na nuna matayensu banbanci ga.

Exercise 15

Correct any mistakes you find in the following sentences:
Be ri mu giara wa dan na kuskure:

1. Both girls was present.
   Harda sun iso yanmata.

2. The two boys had everyone a book.
   Yara biyu kawanne littafi yana da.

3. Who is the more intelligent, Tom or Kenny?
   Waye tsakanin yafi hankali Tom ko Kenny?

4. One student only came in late last week.
   Daya daga cikin dalibai ne yazo daya wuce latti satin.

5. The stranger has the power to adopt himself to circumstances.
   Ba'kon yana da kaffin daidai ta kanshi yanayi a bisa.

6. This shop is more larger than that shop.
   Wannan shago yafi girma Wannan.

7. The pupil started early because he might not be late.
   Yaron makaranta ya fara da wuri saboda latti karyayi.

8. The students in the laboratory is not hardworking.
   Daliban da suke gurin koyon iri hazaka basuda.

9. 'Gulliver's Travels' were written by Swift.
   Swift wallafa ne ya 'Gullivers Travels'.

10. The girl was absorbed with her work.
    Yarinya tana da aikinta tunawa.

Exercise 16

Correct any mistakes you find in the following sentences:
Be ri mu giara wa dan na kuskure:

1. Let everyone does their work.
   Ku kyalle kowa aikinsa yayi.

2. The boy is absence on Friday.
   Yaron be zo ba a juma'a ranar.

3. The girl is eating in a plate.
   Yarinyar tana cin abinci faranti acikin.

4. The trader contributing a large sum towards a noble cause.
   Dan kasuwa ya fallafa kudi masu yawa girmamawa a gurin.

5. His knowledge for English is poor.
   Saninsa a harshen kalilan ne turanci.

6. The gentleman is at the jury.
   Mutumin kan yana juri (jury).

7. Today I am late in school.
   Yau nayi laffin makaranta zuwa.

8. The teacher gave me many good advices.
   Malamin ya bani masu kyan shawara.

9. Forty miles are not a small distance.
   Mille arba'in ba tafiya bane karamin.

10. Five hundred pounds are not enough for the project.
    Fan dari biyar ba aikin ba zai ishe.

Exercise 17

Correct any mistakes you find in the following sentences:
Be ri mu giara wa dan na kuskure:

1. The decision is between you and I.
   Wannan hukuncin dakai ne tsakani na.

2. Andy kill only four dove.
   Andy ya kashe kurciya ne kawai hudu.

3. I should not go if I was you.
   Da nine kai wuce ba da ban.

4. My sister is laying down for three hours.
   Kan wanta ta kwanta awanni uku na tsawon.

5. Each of they were praised by the teacher.
   Malamin ya yabe daliban dukan.

6. All his hairs were black.
   Duka baki ne gashinsa.

7. You must make the boys to study the passage.
   Ku bari yara maza da fasaji su kula.

8. The twenty nurses in the ward helped each other.
   Likitoci mata sun kansu da kansu taimakawa.

9. A parcel of books were received by me.
   Na karbi takardu kunshin.

10. No one were invited for the play except the lecturers.
    Ba wanda aka malamai gaiyata se.

Exercise 18

Correct any mistakes you find in the following sentences:
Be ri mu giara wa dan na kuskure:

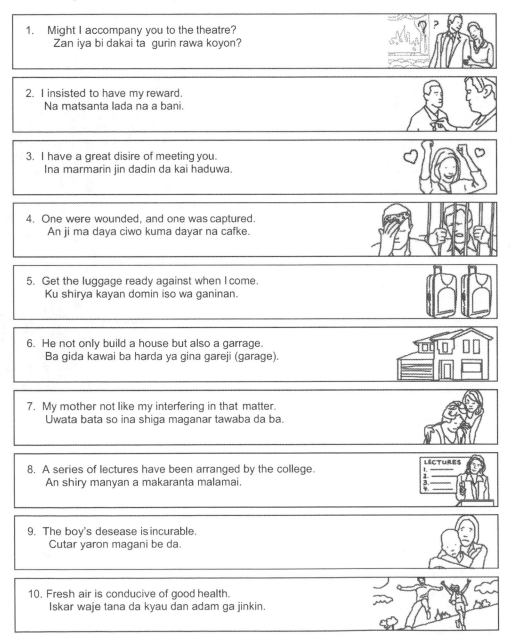

1. Might I accompany you to the theatre?
   Zan iya bi dakai ta gurin rawa koyon?

2. I insisted to have my reward.
   Na matsanta lada na a bani.

3. I have a great disire of meeting you.
   Ina marmarin jin dadin da kai haduwa.

4. One were wounded, and one was captured.
   An ji ma daya ciwo kuma dayar na cafke.

5. Get the luggage ready against when I come.
   Ku shirya kayan domin iso wa ganinan.

6. He not only build a house but also a garrage.
   Ba gida kawai ba harda ya gina gareji (garage).

7. My mother not like my interfering in that matter.
   Uwata bata so ina shiga maganar tawaba da ba.

8. A series of lectures have been arranged by the college.
   An shiry manyan a makaranta malamai.

9. The boy's desease is incurable.
   Cutar yaron magani be da.

10. Fresh air is conducive of good health.
    Iskar waje tana da kyau dan adam ga jinkin.

Exercise 19

Correct any mistakes you find in the following sentences:
Be ri mu giara wa dan na kuskure:

1. Every girl in the class will do his utmost.
   Kowace daluba a aji zata matukarta nuna.

2. The man did not say whom it was.
   Mutumin be fada yake ba yadda.

3. Gulliver's travels are very popular.
   Gullivers Travels da yawa yana.

4. She asked them what were they eaten.
   Ta tambaye suke ci su me.

5. She met her father when she going to the play.
   Ta tarar da babanta a bisa zuwa wasa hanyarta.

6. Linda have one of the best-selling books from the bookshop.
   Linda tana da littafin dayafi kowanne a shago ciniki.

7. Do you find any difficulty to understand French?
   Yana maka wuya a gurin koyon Faransa harshen?

8. When will you come to mine garden?
   Yaushe lambu na zaka zo?

9. One must be particular about his business.
   Kowanenku ya maida hankalinsa sana'ar kowa a gurin.

10. Francis has work out only five problems.
    Francis ya magance mastala kawai biyar.

Exercise 20

Correct any mistakes you find in the following sentences:
Be ri mu giara wa dan na kuskure:

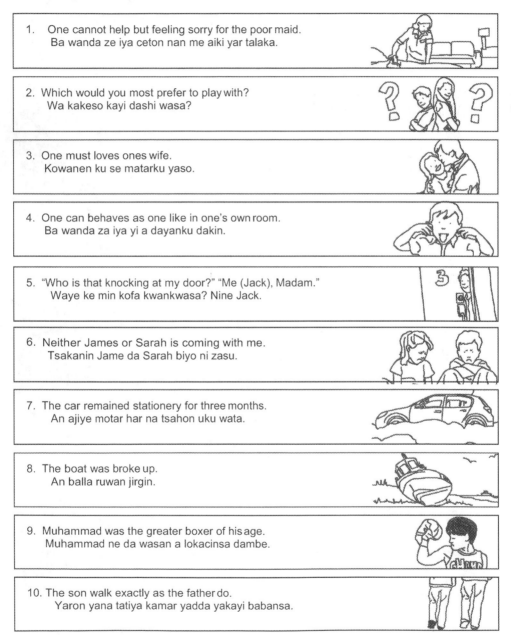

1. One cannot help but feeling sorry for the poor maid.
   Ba wanda ze iya ceton nan me aiki yar talaka.

2. Which would you most prefer to play with?
   Wa kakeso kayi dashi wasa?

3. One must loves ones wife.
   Kowanen ku se matarku yaso.

4. One can behaves as one like in one's own room.
   Ba wanda za iya yi a dayanku dakin.

5. "Who is that knocking at my door?" "Me (Jack), Madam."
   Waye ke min kofa kwankwasa? Nine Jack.

6. Neither James or Sarah is coming with me.
   Tsakanin Jame da Sarah biyo ni zasu.

7. The car remained stationery for three months.
   An ajiye motar har na tsahon uku wata.

8. The boat was broke up.
   An balla ruwan jirgin.

9. Muhammad was the greater boxer of his age.
   Muhammad ne da wasan a lokacinsa dambe.

10. The son walk exactly as the father do.
    Yaron yana tatiya kamar yadda yakayi babansa.

IGBO

Contents - IGBO

Exercise 1

Correct any mistakes you find in the following sentences:
Dozie usoro okwu ndia:

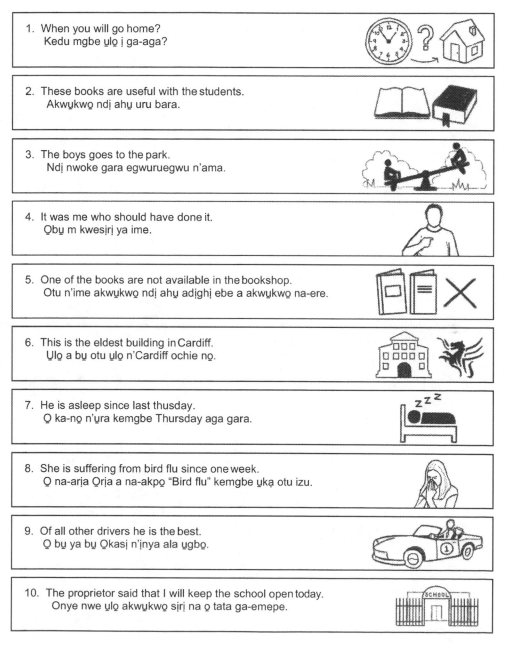

1. When you will go home?
   Kedu mgbe ụlọ ị ga-aga?

2. These books are useful with the students.
   Akwụkwọ ndị ahụ uru bara.

3. The boys goes to the park.
   Ndị nwoke gara egwuruegwu n'ama.

4. It was me who should have done it.
   Ọbụ m kwesịrị ya ime.

5. One of the books are not available in the bookshop.
   Otu n'ime akwụkwọ ndị ahụ adịghị ebe a akwụkwọ na-ere.

6. This is the eldest building in Cardiff.
   Ụlọ a bụ otu ụlọ n'Cardiff ochie nọ.

7. He is asleep since last thusday.
   Ọ ka-nọ n'ụra kemgbe Thursday aga gara.

8. She is suffering from bird flu since one week.
   Ọ na-arịa Ọrịa a na-akpọ "Bird flu" kemgbe ụkạ otu izu.

9. Of all other drivers he is the best.
   Ọ bụ ya bụ Ọkasị n'ịnya ala ụgbọ.

10. The proprietor said that I will keep the school open today.
    Onye nwe ụlọ akwụkwọ sịrị na ọ tata ga-emepe.

Exercise 2

Correct any mistakes you find in the following sentences:
Dozie usoro okwu ndia:

1. He has and he still agrees to your suggestion.
   Okwenyere o kwuru n'ihe.

2. The author was bent in completing the book.
   Onye na-ede Akwụkwọ ahụ ṅụrụ iyi na ọ ga-ede pụ ahụ Akwụkwọ.

3. He spoke no farther.
   Ọzọ okwughịkwazị.

4. The last apprentice is admitted yesterday.
   Ụnyaa, ka-eweere onye ikpeazụ ọlụ ga-amụ.

5. Many women was wounded in the street fight.
   Ọtụtụ ụmụnwanyi merụrụ ahụ n'ọgụ ahụ n'ama a nụrụ.

6. Many students was punish by the teacher.
   Onye nkuzi ahụ tara ọtụtụ ụmụ ahụhụ akwụkwọ.

7. She was ashamed with her mistakes.
   Ihe ahụ omere, ya ihere mere.

8. The seven boys loved each other.
   Ụmụnwoke asaa ndị ahụ hụrụ n'anya onweha.

9. The two boys were quarrelling with one another.
   Ụmụnwoke abụọ ahụ na-ewere ha iwe onwe.

10. Your sister has many money.
    Nwanne gị ogaranya nwanyị bụ.

Exercise 3

Correct any mistakes you find in the following sentences:
Dozie usoro okwu ndia:

1. My brother as well as sister are kind.
   Nwanne m nwoke nakwa nwanne m nwanyị bụ ndị mmadu ezigbo.

2. Paul is always playful at home and playground.
   Ma n'ụlọ ma n'ama, Paul bụ egwụrụegwu onye.

3. This necktie is better and not inferior to that necktie.
   Taayi nke a na-anya n'olu a ka mma nke ọzọ.

4. Hard work in addition to concentration have ensured his success.
   Ọ bụ igba mbọ ya mere o jiri gafee were.

5. Andrew is an heir of a large estate.
   Ọ bụ Andrew nwecha a nile ogbe.

6. She was accused of neglect in her duty.
   A na-ebo ya ebubu na omeghị ihe ime okwesịrị.

7. Three years ago she was studying at London.
   Ọ na-agụ akwụkwọ n'London gara aga arọ ịtọ.

8. Are you more strong than I?
   Isiri karịa m ike?

9. His older brother showed their love for him.
   Ụmụ nwanne ya nwoke ndị okenye ihụnanya gosịrị ya.

10. The rubber trees have cast their leaves a week ago.
    Osisi ahụ gbụchasịrị akwa n'izu gara aga ụka.

Exercise 4

Correct any mistakes you find in the following sentences:
Dozie usoro okwu ndia:

1. My older brother helping me.
   Nwanne m nwoke nke okenye m aka na-enyere.

2. She hang the pictures of the queen in the house.
   O kokwasara foto eze n'ụlọ ya nwanyị.

3. The dancers prefer lose clothes.
   Ndị ọgba egwu ahụ chọrọ uwe ha akpado na-akpadoghị.

4. One of the children tell me that an accident has taken place.
   Odu n'ime Ụmụaka ahụ gwara m na ihe mere mberede.

5. She says that she would go home the following day.
   O kwuru na Ọ ga-aga echi ụlọ.

6. Many books were lying in the shelf.
   Ọtụtụ akwụkwọ nọ n'ebe a kwụkwọ ha-azụta.

7. He is one of the private doctors that has gone to France.
   O soro n'otu n'ime ndị dọkịta France gara.

8. The news were alarming.
   Akụkọ egwu ahụ dị.

9. Mathematics were not understood by her.
   Ọ Matematik (Aritimetik) maghi.

10. Miss Taylor returned the book which she cannot read.
    Miss Taylor weghachiri akwukwo ahụ nke ya Ọgụgụ na-ekweghi.

26

Exercise 5

Correct any mistakes you find in the following sentences:
Dozie usoro okwu ndia:

1. The girl which is weak is afraid of others.
    Nwatakiri nwanyi ahu nke ume adighi, na-atu egwu ndi ozo.

2. I would see that the homework is done.
    A ga-m ahu na-orulu olu ahu iru n'ulo okwesiri.

3. She drinks few wine everyday.
    Ọ na-añu mmanya nile ubuchi.

4. The man was unable to pay that what he owed.
    Nwoke ahu enweghi ike ikwu o ji ugwo.

5. Her handwriting was eligible.
    Mmadu agaghi aguta na-ede ihe o.

6. Will you tell me the tale that what you have heard?
    Inwere ike igwa m nuru ihe i?

7. Silver as well as lead have risen in price.
    Silver na Lead etinyekwala ego n'ego a ya n'mbu na-ere.

8. The doctor had scarcely turned his back as the nurses shouted.
    Dokita ahu na-enyere ndi nọs aka mgbe ha choro obula.

9. The hospital has specious rooms.
    Ọnu ulo nile nọ n'ulo ogwu ahu ibu busiri.

10. The waiters partook refreshments served on a lavish scale.
    Onye na-eke nri ahu gbasokwara were rie nri ahu bu taba aturu.

Exercise 6

Correct any mistakes you find in the following sentences:
Dozie usoro okwu ndia:

1. The lecturer's message was verbose, not written.
    Ozi onye nkuzi ahụ bụ okwu ọnụ nke ede na-edeghi.

2. A special police unit was appointed to investigate into the troubles.
    A kwọrọ aka họpụta ndị uwe ojii ga-elebara nsogbụ anya ahụ.

3. The boys that was in the bus were killed.
    Ụmụ nwoke nọ n'ime ụgbọ ala ahụ anwụ nwụrụ.

4. The working class must lead an economic life.
    Ndị Ọlụ oyibo ga-ekobe akpa ha ebe aka ha ruru ma ha ndụ na-ebi.

5. The two boys solved the difficulties of one another.
    Ụmụ nwoke abụọ ndi ahụ gboro ibe ha nkpa.

6. I am sick since five weeks.
    A nọ m n'akwa ọrịa kemgbe ise izu ụka.

7. The clock who was lying on the table was destroyed.
    Elekere ahụ dị n'elu oche emebi mebiri.

8. Who did you tell the news to?
    Onye ka ị kọọrọ ahụ akụkọ?

9. Dennis does look pale does he?
    Denis dị ka onye ahụ tara?

10. The lady which he loved was beautiful.
    Nwanyị ọ hụrụ n'anya, mma mara.

Exercise 7

Correct any mistakes you find in the following sentences:
Dozie usoro okwu ndia:

1. She is angry to me.
   Ọ m iwe na-ewesara.

2. You may use this cup long as you want.
   Inwere ike jide iko a rue ịchọrọ mgbe.

3. Edison discovered modern electric light bulb.
   Edison Choputara eletrik Ọkụ.

4. It is good to abstain to drink alcoholic drinks.
   Isọ amaka mmanya.

5. David is best player.
   David bụ mma Ọkacha.

6. She is the honourable secretary to the club.
   Ọ bụ ya bụ ode akwụkwọ ahụ ndi otu.

7. I saw the palm tree who was blown down by the storm.
   Ahụrụ m osisi nkwụ ahụ nke kwaturu ikuku.

8. The prince not only gave him food and money also.
   Okpara eze nyere ya nri ma ya ego nyekwa.

9. I take my breakfast before he came.
   E risigo m nri ụtụtụ ọ bia tupu.

10. The boys spoke the true.
    Ụmụ nwoke ahụ kwuru okwu ezi.

Exercise 8

Correct any mistakes you find in the following sentences:
Dozie usoro okwu ndia:

1. A sensible man provides about old age.
    Nkụ mmadụ kpatara n'ọkọchị ka Ọ n'udummiri na-anya.

2. Neither the tutors nor students was present at the dance.
    Ma ụmụakwụkwọ ma ndị nkuzi adịghị nke bịara ahụ n'egwu.

3. The labourer does not works in field.
    Ndị ọlụ arụghị n'ubi ọlụ.

4. I didn't like any of the present.
    Ọ dighị ihe ndị e nyere m masịrị m nke.

5. He is more honest of any other trader.
    Sọsọ ya na-ekwu ezi okwu n'ndị ahịa na-azụ.

6. The French is a difficult language to learn.
    Asụsụ French hịara mmuta ahụ.

7. Each one of the boys were well versed in Mathematics.
    Ụmụ nwoke ndị ahụ mụtara aritimetik ukwuu nke.

8. The boy was sitting besides his brother.
    Nwatakịri nwoke ahụ nọ n'akụkụ ya nwoke nwanne.

9. The boy plunged under the river.
    Nwatakịri nwoke ahụ mabara mmịri n'ime.

10. The girl and the boy guided one another in the dark.
    Nwatakịri nwanyi na nwoke ahu na-edu n'ochi chịrị ibe ha.

Exercise 9

Correct any mistakes you find in the following sentences:
Dozie usoro okwu ndia:

1. This matter is between you and I.
    Okwu a gbasara na gị mụ.

2. The boy is as brave as I.
    Nwatakịrị nwoke ahụ adịghi atụ dị ka m egwu.

3. A new cloth is more better than an old cloth.
    Akwa ọhụrụ ka nke mma ochie.

4. A lady must be careful in his domestic work.
    Nwanyị kwesịrị ido anya n'ọlụ na ụlọ ezi.

5. She taken away all the books on the table.
    O wepụrụ akwụkwọ ndi ahụ nọ oche n'elu.

6. One cannot eat what he likes.
    Mmadụ enweghi ike ọ chọrọ iri ihe.

7. Will you right letter to your mother?
    Ịnwere ike idere edemede nne gị?

8. The doctor cured the patient on the disease.
    Dokinta gwọrọ onye ọrịa ọrịa ya ahụ.

9. The man is stronger than I.
    Nwoke ahu sịrị kana ni ike.

10. Each of the nurses were fined by the doctor.
    Dokinta dara ndị nọsụ ego ahụ.

Exercise 10

Correct any mistakes you find in the following sentences:
Dozie usoro okwu ndia:

1. This is one of the buildings that was built by the architect.
   Ulo a so otu n'ime ulo onye ahu ulo luru na-ese.

2. Wisdom is more preferable than wealth.
   Amamihe uba kariri.

3. Each of the twenty students were invited to the theatre.
   Eziri onye obula n'ime umu akwukwo ahu ndi di ogu mmadu,
   ka ha bia anya lekiri.

4. One of the carpenters who was employed has been dismissed from the works.
   Otu n'ime ndi kapinta ahu ewere n'olu, aburula onye achi n'olu achuru.

5. The workshop is much bad than before.
   Ulo olu ahu joro njo n'mbu karia.

6. The lecturer was angry on the students.
   Onye nkuzi na-ewesara umu iwe akwukwo.

7. Health is important than wealth.
   Ahu isi ike uba kariri.

8. London is largest of all UK cities.
   London buru ibu karisia ebe ozo n'uk ndi.

9. Hard work is essential at success in examinations.
   Igba mbo n'igu Akwukwo di mkpa ijiri were n'ule gafee.

10. The patient go to the hospital everyday.
    Onye ahu nke na-aria oria na-aga ulo ogwu nile ubochi.

Exercise 11

Correct any mistakes you find in the following sentences:
Dozie usoro okwu ndia:

1. Birmingham is largest than any city in the Midlands.
   Birmingham kachara obodo ndị ọzọ buo ibu dị n'Midlands.

2. As it was Saturday afternoon, the shops are all closed.
   Ụlọ ahia ndi ahụ mechiri emechi maka na-ọbụ Saturday ehihe.

3. I think Andrew is best of the two at tennis.
   Echere m na Andrew kara onye nke tennis ọzọ akụ.

4. This was the severest blow we have ever endured before.
   Ihe dị otu a n'ndụ m emebeghị m.

5. Such book ought not to be given to children.
   Akwụkwọ ahụ abughị ụmụaka akwụkwọ.

6. The Mayor is the principle man in our district.
   Eze bụ onye isi anyị n'obodo.

7. Neither Tom nor John are coming with me.
   Ma John ma Tom adịghị nke abịa ga-esom.

8. You and Charles is representing the town.
   Gin a Charles na-amọchite obodo anya.

9. The boys seemed to be nearly dressed alike.
   Njikere ụmụnwoke ndi ibe ya a yiri.

10. The father has real affectation for his sun.
    Nwoke ahụ hụrụ nwa ya n'anya nwoke.

Exercise 12

Correct any mistakes you find in the following sentences:
Dozie usoro okwu ndia:

1. Freelance photographers are generally populous.
   Ndi ji ise foto were mere aka Ọlụ ama ama bụ ndị.

2. One can behave as one likes in his own home.
   Mmadu na-eme ihe ya n'ụlọ ya soro.

3. I shall be pleased to accept your invitation for Sunday next.
   Obi di m añụri maka ọbịbịa ị sịrị ka anyị bịa ụbọchi na-abịa abịa ụka.

4. Mandy was a beautiful girl and who was loved by all her friends.
   Mandy bụ nwatakiri nwanyị mara mma, ndị enyị ya n'anya ya hụrụ.

5. Why does you lie?
   Gịnị mere tụọ asị ijiri?

6. The girl tried to quick return.
   Ụmụ nwatakịrị nwanyị ahụ chọrọ ngwa ngwa ilọta.

7. Her dress is costlier than me.
   Akwa ya kara dịrị ọnụ nke m.

8. She will had to soon repent.
   O kwesịrị n'oge icheghari.

9. Each of the twelve girls were awarded price.
   Ụmụnwatakịrị nwanyị iri na abụọ ahụ akara ugo nwetachara.

10. One of we must go to the meeting.
    Otu onye n'ime anyị nzụkọ ahụ ga-agarịrị.

34

Exercise 13

Correct any mistakes you find in the following sentences:
Dozie usoro okwu ndia:

1. I had saw the bird in the cage.
   Ahụla m nnụnụ ahụ nọ ngịga n'ime.

2. The physician attended his patient.
   Onye dọkịta ahụ ahụla onye ọ ọrịa na-agwọ.

3. You should try to keep this secret among you and me.
   Nkata a bụ sọsọ mụ na gbasara ya gị ma.

4. "Great Expectations" was wrote by Charles Dickens.
   Ọ bụ Charles Dickens a ba —akpọ dere akwụkwọ "Great Expectations".

5. Becky frankly told him to immediately returned the fountain pen.
   Becky gwara yas nyeghachi ya mkpisi edemede
   ya oge ọbụla na-egbughị.

6. The hermit had to subsist with fruits.
   Onye ahụ bu sọsọ mkpụrụ osisi ka ọ na-ata,
   maka na ọ na-ekpere nke ukwuu chineke.

7. No single truant were traced by the teacher.
   Onye nkuzi amaghị ụmụ akwukwọ ahụ ndị na-adịghị
   akwụkwọ abịa ụlọ.

8. Corporeal punishment is not allowed in the school.
   Ọ bụ iwu na adịghị apịa ụmụ Akwụkwọ ihe n'ụlọ ahụ akwụkwọ.

9. The students study corporal objects in laboratory.
   Ụmụ Akwụkwọ mụrụ maka ahụ mmadụ n'ime Laabụ, Akwụkwọ n'ụlọ.

10. The two girls helped theirselves.
    Ụmụ nwatakịrị nwanyị abụọ ahụ ha aka nyeere ibe.

Exercise 14

Correct any mistakes you find in the following sentences:
Dozie usoro okwu ndia:

1. Though he is poor but he is proud.
   N'agbanyeghị na ọ bụ Ogbenye, mpako ọ na-eme.

2. I shall be killed and nobody save me.
   Ọbụrụ na a na-achọ igba m, ga-azọpụta m onweghị onye.

3. I pass my test last term.
   A Lafẹrẹ m ule ahụ gara aga n'mgbe.

4. The girl dances like I.
   Nwatakịrị nwanyị ahụ na-agba dị ka m egwu.

5. The apprentice should obeys his master.
   Onye na-amụ olụ ọga ya ga-asopụrụ.

6. Christopher Columbus invented America.
   Christopher Columbus Amerika Chọpụtara.

7. I come to play with you?
   Ka m bianụ ka anyị egwu gwurikọọ?

8. The traveller was hung by the thieves.
   Ndị na-ezu ohị jiri ụdọ were kwugbue ije ahụ onye.

9. Pitched battle is always exhausted.
   Ọgụ akara aka ezigbo ike na-esị.

10. Husbands have a bias at their wives.
    Ụmụ nwoke na-enwe echiche ọjọọ ebe ndị ha nọ nwunye.

Exercise 15

Correct any mistakes you find in the following sentences:
Dozie usoro okwu ndia:

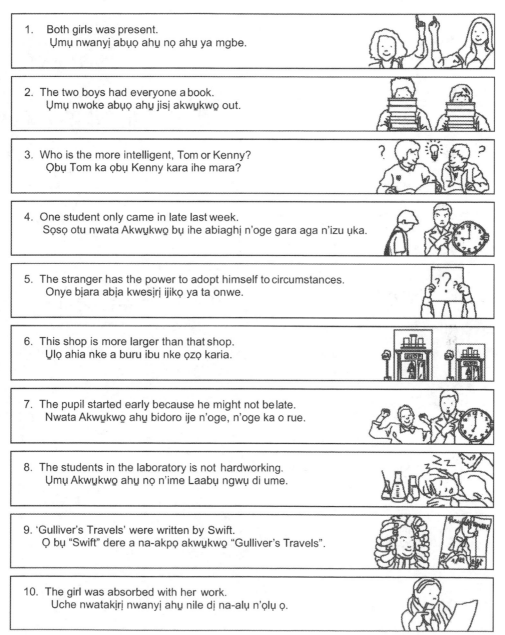

1. Both girls was present.
   Ụmụ nwanyị abụọ ahụ nọ ahụ ya mgbe.

2. The two boys had everyone a book.
   Ụmụ nwoke abụọ ahụ jisị akwụkwọ out.

3. Who is the more intelligent, Tom or Kenny?
   Ọbụ Tom ka ọbụ Kenny kara ihe mara?

4. One student only came in late last week.
   Sọsọ otu nwata Akwụkwọ bụ ihe abiaghị n'oge gara aga n'izu ụka.

5. The stranger has the power to adopt himself to circumstances.
   Onye bịara abịa kwesịrị ijikọ ya ta onwe.

6. This shop is more larger than that shop.
   Ụlọ ahịa nke a buru ibu nke ọzọ karia.

7. The pupil started early because he might not be late.
   Nwata Akwụkwọ ahụ bidoro ije n'oge, n'oge ka o rue.

8. The students in the laboratory is not hardworking.
   Ụmụ Akwụkwọ ahụ nọ n'ime Laabụ ngwụ di ume.

9. 'Gulliver's Travels' were written by Swift.
   Ọ bụ "Swift" dere a na-akpọ akwụkwọ "Gulliver's Travels".

10. The girl was absorbed with her work.
    Uche nwatakịrị nwanyị ahụ nile dị na-alụ n'ọlụ ọ.

Exercise 16

Correct any mistakes you find in the following sentences:
Dozie usoro okwu ndia:

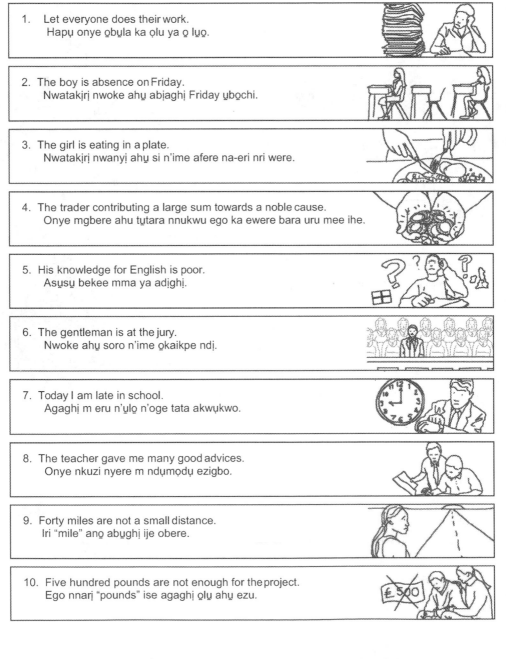

1. Let everyone does their work.
   Hapụ onye ọbụla ka ọlu ya ọ lụọ.

2. The boy is absence on Friday.
   Nwatakịrị nwoke ahụ abịaghị Friday ụbọchi.

3. The girl is eating in a plate.
   Nwatakịrị nwanyị ahụ si n'ime afere na-eri nri were.

4. The trader contributing a large sum towards a noble cause.
   Onye mgbere ahụ tụtara nnukwu ego ka ewere bara uru mee ihe.

5. His knowledge for English is poor.
   Asụsụ bekee mma ya adịghị.

6. The gentleman is at the jury.
   Nwoke ahụ soro n'ime ọkaikpe ndị.

7. Today I am late in school.
   Agaghị m eru n'ụlọ n'oge tata akwụkwo.

8. The teacher gave me many good advices.
   Onye nkuzi nyere m ndụmọdụ ezigbo.

9. Forty miles are not a small distance.
   Iri "mile" anọ abụghị ije obere.

10. Five hundred pounds are not enough for the project.
    Ego nnarị "pounds" ise agaghị ọlụ ahụ ezu.

Exercise 17

Correct any mistakes you find in the following sentences:
Dozie usoro okwu ndia:

1. The decision is between you and I.
   Okwu ahụ bụ mụ na gị ya ga-ekpebi

2. Andy kill only four dove.
   Andy gburu sọsọ nnụnụ a obu inọ na-akpọ.

3. I should not go if I was you.
   Ọ bụrụ na m bụ gị, m aga agaghị.

4. My sister is laying down for three hours.
   Nwanne m nwanyị dinara ala awa atọ kemgbe.

5. Each of they were praised by the teacher.
   Onye nkuzi toro ha otuto nile.

6. All his hairs were black.
   Ntụtụ y anile ojii dị.

7. You must make the boys to study the passage.
   Hụkwa na-imere ka ụmụ nwoke ahụ mụọ amaụkwụ ahụ akwụkwọ.

8. The twenty nurses in the ward helped each other.
   N'nkebi ụlọ ọgwụ ahụ, ebe e nwere ọgụ nọs,
   nọs nile na-enyere ha aka ibe.

9. A parcel of books were received by me.
   E nwetara m ngwugwu akwụkwọ ahụ ndi.

10. No one were invited for the play except the lecturers.
    Sọsọ ndị nkuzi ka-eziri ka ha bịa lekere ahụ egwuruegwu.

Exercise 18

Correct any mistakes you find in the following sentences:
Dozie usoro okwu ndia:

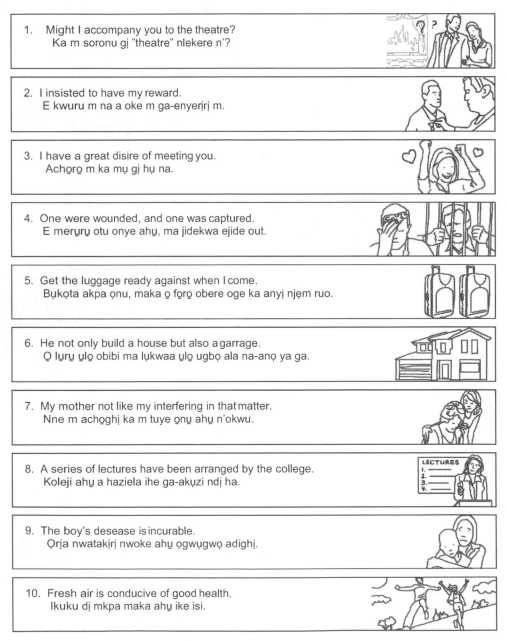

1. Might I accompany you to the theatre?
   Ka m soronu gị "theatre" nlekere n'?

2. I insisted to have my reward.
   E kwuru m na a oke m ga-enyeriri m.

3. I have a great disire of meeting you.
   Achọrọ m ka mụ gị hụ na.

4. One were wounded, and one was captured.
   E merụrụ otu onye ahụ, ma jidekwa ejide out.

5. Get the luggage ready against when I come.
   Bụkọta akpa ọnu, maka ọ fọrọ obere oge ka anyị njẹm ruo.

6. He not only build a house but also a garrage.
   Ọ lụrụ ụlọ obibi ma lụkwaa ụlọ ugbọ ala na-anọ ya ga.

7. My mother not like my interfering in that matter.
   Nne m achọghị ka m tuye ọnụ ahụ n'okwu.

8. A series of lectures have been arranged by the college.
   Koleji ahụ a haziela ihe ga-akụzi ndị ha.

9. The boy's desease is incurable.
   Ọrịa nwatakịrị nwoke ahụ ọgwụgwọ adighị.

10. Fresh air is conducive of good health.
    Ikuku dị mkpa maka ahụ ike isi.

40

Exercise 19

Correct any mistakes you find in the following sentences:
Dozie usoro okwu ndia:

1. Every girl in the class will do his utmost.
    Nwatakịrị nwanyị ọbụla ike ya ga-anwa.

2. The man did not say whom it was.
    Nwoke ahụ ekwughị ahụ onye.

3. Gulliver's Travels are very popular.
    A maara Gulliver's Travels" ukwuu nke.

4. She asked them what were they eaten.
    Ọ jụrụ ha ihe ahụ na-eri ha.

5. She met her father when she going to the play.
    O zuru nna ya mgbe ọ na-aga egwuni ahụ egwu.

6. Linda have one of the best-selling books from the bookshop.
    Linda Zụtara akwụkwọ ahụ na-ewu ewu n'ebe a akwụkwọ na-ere.

7. Do you find any difficulty to understand French?
    Asụsụ French, Ọ na-agbagwoju anyā gị?

8. When will you come to mine garden?
    Kedu mgbe ị n'ubi m ga-abịa?.

9. One must be particular about his business.
    Mmadu kwesiri ịkpọ ihe ọlụ ya.

10. Francis has work out only five problems.
    Francis Zatara sọsọ ise ajụjụ.

Exercise 20

Correct any mistakes you find in the following sentences:
Dozie usoro okwu ndia:

1. One cannot help but feeling sorry for the poor maid.
   Ebere Onye Odibo na-eme m ahụ.

2. Which would you most prefer to play with?
   Kedu onye ị chọrọ ka gị nay a egwu gwukọrịta?

3. One must loves ones wife.
   Mmadu kwesịrị ịhụ ya na-anya nwanyị.

4. One can behaves as one like in one's own room.
   Ihe mmadu chọrọ ka ọ ga-eme ụlọ ya n'ime.

5. "Who is that knocking at my door?" "Me (Jack), Madam."
   Madam jụnị ọbụ onye na-akụ aka n'ụzọ, Jack sịrị bụ ya na ọ.

6. Neither James or Sarah is coming with me.
   Ma James ma Sarah adịghị aga esom.

7. The car remained stationery for three months.
   Ụgbọ ala ahụ ka nọ otu ebe ahụ ọ nọ Kemgbe atọ ọnwa.

8. The boat was broke up.
   E gbukaala ụgbọ ahụ mmiri.

9. Muhammad was the greater boxer of his age.
   Muhammad bụ ọkachasị akụ n'oge ya ọkpọ.

10. The son walk exactly as the father do.
    Nwoke ahụ na-aga ije nna ya ka.

YORUBA

Contents - YORUBA

Exercise 1

Correct any mistakes you find in the following sentences:
Ṣé àtúnṣe lórí àwọn ọ̀rọ̀ yí:

1. When you will go home?
   Ìgbà wo ni o lọ má a sílé?

2. These books are useful with the students.
   Àwọn ìwé yìí wúlò akẹ́kọ̀ọ́ fún.

3. The boys goes to the park.
   Àwọn ọmọkùnrin lọ sí ìgbafẹ́ ibùdó.

4. It was me who should have done it.
   Èmi ló yẹ kí n ṣe é ti.

5. One of the books are not available in the bookshop.
   Ọ̀kan lára àwọn ìwé náà kò sí ìtàwé nílé.

6. This is the eldest building in Cardiff.
   Ilé tí ó pẹ́ jùlọ ní nìyí Cardiff.

7. He is asleep since last thusday.
   Láti ọjọ́bọ̀ tí ó kọjá ló sùn ti.

8. She is suffering from bird flu since one week.
   Bíi ọ̀sẹ̀ kan ni àìsàn/àrùn kọ́ọ́lí ṣe é ti ń.

9. Of all other drivers he is the best.
   Nínú gbogbo àwọn awakọ̀, òun ló jùlọ dára.

10. The proprietor said that I will keep the school open today.
    Olùdásílẹ̀ ní òun yòó ṣí ilé ẹ̀kọ́ lónìí sílẹ̀.

Exercise 2

Correct any mistakes you find in the following sentences:
Ṣé àtúnṣe lórí àwọn ọ̀rọ̀ yí:

1. He has and he still agrees to your suggestion.

   Ó ti faramọ́/ó sì tún ń faramọ́ àbá dà tí o.

2. The author was bent in completing the book.

   Òǹkọ̀wé ní dandan à fi kí òun parí náà ìwé.

3. He spoke no farther.

   Kò sọ ọ̀rọ̀ mọ́ kankan.

4. The last apprentice is admitted yesterday.

   Àná ni wọ́n gba ọmọ ẹ̀kọ́ṣẹ́ tó wọlé gbẹ̀yìn.

5. Many women was wounded in the street fight.

   Ọ̀pọ̀ abilékọ/obìnrin ni wọ́n ṣe léṣe nínú ìjà náà ìgboro.

6. Many students was punish by the teacher.

   Ọ̀pọ̀ akẹ́kọ̀ọ́ ni olùkọ́ níyà jẹ.

7. She was ashamed with her mistakes.

   Ojú ti ọmọbìnrin náà fún àwọn rẹ̀ òṣìṣẹ́.

8. The seven boys loved each other.

   Àwọn ọmọdé-kùnrin méjéèje ní ìfẹ́ wọn ara.

9. The two boys were quarrelling with one another.

   Ọmọkùnrin méjèèjì ń bínú sí wọn ara.

10. Your sister has many money.
    Arábìnrin rẹ̀ ní owó tó lọ́wọ́ pọ̀.

Exercise 3

Correct any mistakes you find in the following sentences:
Ṣé àtúnṣe lórí àwọn ọ̀rọ̀ yí:

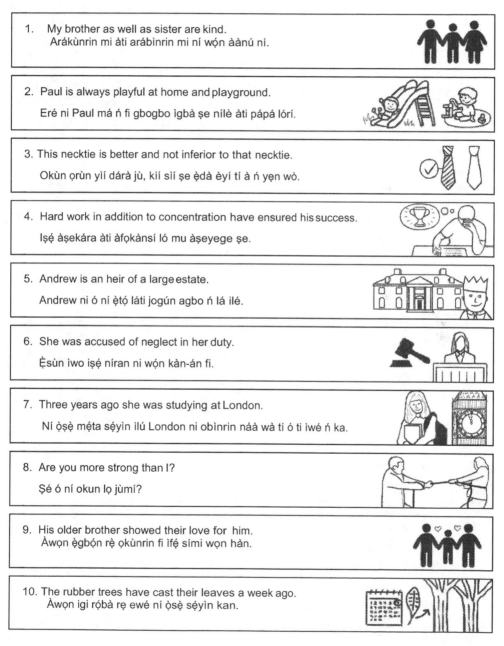

1. My brother as well as sister are kind.
    Arákùnrin mì àti arábìnrin mi ní wọ́n àànú ní.

2. Paul is always playful at home and playground.
    Eré ni Paul má ń fi gbogbo ìgbà ṣe nílè àti pápá lórí.

3. This necktie is better and not inferior to that necktie.
    Okùn ọrùn yìí dárà jù, kìí sìí ṣe ẹ̀dà èyí tí à ń yẹn wò.

4. Hard work in addition to concentration have ensured his success.
    Iṣẹ́ àṣekára àti àfọkànsí ló mu àṣeyege ṣe.

5. Andrew is an heir of a large estate.
    Andrew ni ó ní ẹ̀tọ́ láti jogún agbo ń lá ilé.

6. She was accused of neglect in her duty.
    Ẹ̀sùn ìwo iṣẹ́ níran ni wọ́n kàn-án fi.

7. Three years ago she was studying at London.
    Ní ọ̀ṣẹ̀ mẹta sẹ́yìn ilú London ni obìnrin náà wà tí ó ti ìwé ń ka.

8. Are you more strong than I?
    Ṣé ó ní okun lọ jùmí?

9. His older brother showed their love for him.
    Àwọn ẹ̀gbọ́n rẹ̀ ọkùnrin fi ìfẹ́ sími wọn hàn.

10. The rubber trees have cast their leaves a week ago.
    Àwọn igi rọ́bà rẹ ewé ní ọ̀ṣẹ̀ sẹ́yìn kan.

Exercise 4

Correct any mistakes you find in the following sentences:
Ṣé àtúnṣe lórí àwọn ọ̀rọ̀ yí:

1. My older brother helping me.

   Ẹ̀gbọ́n mi ń ràn lọ́wọ́ mí.

2. She hang the pictures of the queen in the house.

   Ó fi àwòrán ọbabìnrin ilé kọ́.

3. The dancers prefer lose clothes.

   Ó tẹ́ àwọn oníjó lọ́rùn láti má wọ aṣọ tí kò wọn fún.

4. One of the children tell me that an accident has taken place.

   Ọ̀kan lára àwọn ọmọ sọ fún mi pé ìjàmbá ṣẹlẹ̀ ti.

5. She says that she would go home the following day.
   Ó ní òun yòó lọ sí ilé ní kejì ọjọ́.

6. Many books were lying in the shelf.

   Ọ̀pọ̀ ìwé ni wọ́n tò sí pẹpẹ inú.

7. He is one of the private doctors that has gone to France.
   Ó jẹ́ ọ̀kan lára àwọn dókítà aládàáni tí ó ti lọ sí Faransé ilẹ̀.

8. The news were alarming.

   Ìròyìn náà lẹ̀rù bani.

9. Mathematics were not understood by her.

   Ẹ̀kọ́ iṣirò/Matimátííkì kò yé náà ọmọbìnrin.

10. Miss Taylor returned the book which she cannot read.

   Arábìnrin Taylor ti dá ìwé tí kò le padà kà.

Exercise 5

Correct any mistakes you find in the following sentences:
Ṣé àtúnṣe lórí àwọn ọ̀rọ̀ yí:

1. The girl which is weak is afraid of others.
   Ọmọbìnrin tí kò ní okun ń bẹ̀rù yòókù/míràn àwọn.

2. I would see that the homework is done.
   Mo ní láti ripé iṣẹ́ àmúrelé ṣíṣe jẹ́.

3. She drinks few wine everyday.
   Ojoojúmọ́ ni ó má ń mu wáìnì (wine) ọti.

4. The man was unable to pay that what he owed.
   Ọkùnrin náà kò lè san gbèsè jẹ tí ó.

5. Her handwriting was eligible.
   Ìṣọwọ́ kọ iwé ọmọbìnrin náà kò kà ṣe.

6. Will you tell me the tale that what you have heard?
   Ṣé wà sọ ìtàn tí o ti gbọ́ mi fún?

7. Silver as well as lead have risen in price.
   Sílífà (silver) tí ó fi kan léèdì (lead) ni owó rẹ̀ ti òkè lọ sí.

8. The doctor had scarcely turned his back as the nurses shouted.
   Dókítà náà kòì yí ẹ̀yìn nígbàtí àwọn nọ́ọ̀sì pariwo ti.

9. The hospital has specious rooms.
   Ilé ìwòsàn náà ní àwọn iyàrá tí ààyè ó ní.

10. The waiters partook refreshments served on a lavish scale.
    Àwọn olùgbàlejò kó ipa nínú bí wọ́n ṣe pín ǹkan ìpanu yàwàlù ní.

49

Exercise 6

Correct any mistakes you find in the following sentences:
Ṣé àtúnṣe lórí àwọn ọ̀rọ̀ yí:

1. The lecturer's message was verbose, not written.
   Ẹnu ni olùdánilẹ́kọ̀ọ́ fi jẹ́ iṣẹ́ rẹ̀, kò sílẹ̀ kọ.

2. A special police unit was appointed to investigate into the troubles.
   Ẹ̀ka àkànṣe ọlọ́pàá ni wọ́n yàn pé kó ṣe ìwádìí náà wàhálà.

3. The boys that was in the bus were killed.
   Wọ́n pa àwọn ọmọkùnrin tí ó wà nínú náà bọ́ọ̀sì.

4. The working class must lead an economic life.
   Àwọn tí wọ́n ní iṣẹ́ lọ́wọ́ ni wọ́n gbọ́dọ̀ léwájú nínú ìgbé sọ́-owó-ná ayé.

5. The two boys solved the difficulties of one another.
   Awọ́n ọmọkùnrin méjéèjì ni wọ́n wá ojútùú sí ìṣòro wọn ara.

6. I am sick since five weeks.
   Mo ti ń ṣe àìsàn láti márùn-ún ọ̀ṣẹ̀.

7. The clock who was lying on the table was destroyed.
   Wọ́n ba ago tí ó wà lórí jẹ́ tábílì.

8. Who did you tell the news to?
   Taani o sọ ìròyìn fún náà?

9. Dennis does look pale does he?
   Ojú Dennisi jọ ẹni ti ara rẹ̀ kòda, àbí jọọ́ kò?

10. The lady which he loved was beautiful.
    Ọmọbìnrin tí ó ti fìgbàkan rẹwà nífẹ̀ẹ́sí.

50

Exercise 7

Correct any mistakes you find in the following sentences:
Ṣé àtúnṣe lórí àwọn ọ̀rọ̀ yí:

1. She is angry to me.
   Ọmọbìnrin náà sí mi ń bínú.

2. You may use this cup long as you want.
   O lè lo kọ́ọ̀bù yìí nígbà tí o fẹ́ bá ti.

3. Edison discovered modern electric light bulb.
   Edison ni ó ṣe àwọn gílóòbù/bọ́ọ̀bù ìgbàlódé ẹ̀lẹ́ńtíríkì ti iná.

4. It is good to abstain to drink alcoholic drinks.
   Ó dára láti sá fún mímu líle ọtí.

5. David is best player.
   Dafidi ni agbábọ́ọ̀lù tí ó jùlọ dára.

6. She is the honourable secretary to the club.
   Òun ni ẹgbẹ́ gbé ipò fún akọ̀wé.

7. I saw the palm tree who was blown down by the storm.
   Mo rí igi ọ̀pẹ tí ìjì lulẹ̀ wó.

8. The prince not only gave him food and money also.
   Oúnje nìkan kọ́ ni ọmọ ọba fún, ó fun ní pẹ̀lú owó.

9. I take my breakfast before he came.
   Mo ti jẹ oúnje àárọ̀ mi kí dé ó tó.

10. The boys spoke the true.
    Òtítọ́ ni àwọn náà sọ ọmọkùnrin.

Exercise 8

Correct any mistakes you find in the following sentences:
Ṣé àtúnṣe lórí àwọn ọ̀rọ̀ yí:

1. A sensible man provides about old age.
   Ọkùnrin tí ọpọlọ rẹ̀ bá pé a máa pèsè sílẹ̀ ogbó fún ojó.

2. Neither the tutors nor students was present at the dance.
   Yálà olùkọ́ tàbí akẹ́ẹ̀kọ́, ọ̀kankan wọn kò sí ijó ní òde.

3. The labourer does not works in field.
   Òṣìṣẹ́ alábàáṣe kìí ṣiṣẹ́ jáde lọ.

4. I didn't like any of the present.
   Nkò nífẹ̀ẹ́ sí òkankan lára náà ẹ̀bùn.

5. He is more honest of any other trader.
   Ọkùnrin náà ṣe olóòótọ́ ju àwọn yókù lọ oníṣòwò.

6. The French is a difficult language to learn.
   Èdè Faransé jẹ́ èdè tí ó nira púpọ̀ kọ́ láti.

7. Each one of the boys were well versed in Mathematics.
   Òkọ̀ọ̀kan àwọn ọmọkùnrin náà ní ìmọ̀ ẹ̀kọ́ dáadáa ìṣirò/matimátìíkì.

8. The boy was sitting besides his brother.
   Ọmọkùnrin náà ń jókòó ní ẹgbẹ́ rẹ ẹ̀gbọ́n.

9. The boy plunged under the river.
   Ọmọkùnrin náà ja odò sí inú.

10. The girl and the boy guided one another in the dark.
    Ọmọbìnrin àti ọmọkùnrin tọ́ ara wọn sọ́nà òkùnkùn nínú.

Exercise 9

Correct any mistakes you find in the following sentences:
Ṣé àtúnṣe lórí àwọn ọ̀rọ̀ yí:

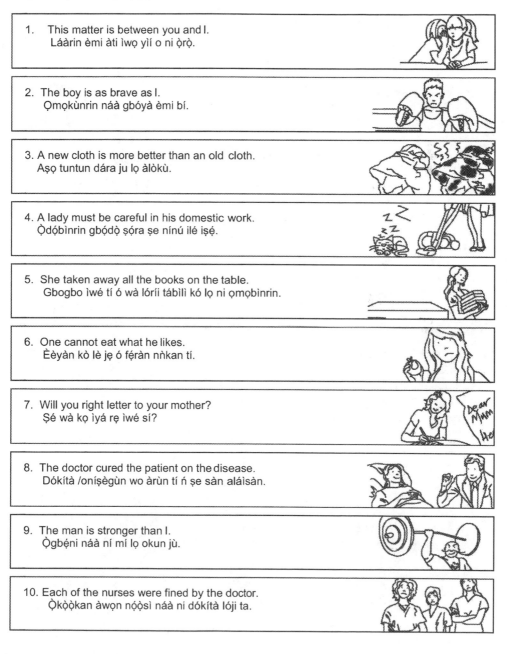

1. This matter is between you and I.
   Láàrin èmi àti ìwọ yìí o ni ọ̀rọ̀.

2. The boy is as brave as I.
   Ọmọkùnrin náà gbóyà èmi bí.

3. A new cloth is more better than an old cloth.
   Aṣọ tuntun dára ju lọ àlòkù.

4. A lady must be careful in his domestic work.
   Ọ̀dọ́bìnrin gbọ́dọ̀ ṣọ́ra ṣe nínú ilé iṣẹ́.

5. She taken away all the books on the table.
   Gbogbo ìwé tí ó wà lóríi tábìlì kó lọ ni ọmọbìnrin.

6. One cannot eat what he likes.
   Èèyàn kò lè jẹ ó fẹ́ràn nǹkan tí.

7. Will you right letter to your mother?
   Ṣé wà kọ ìyá rẹ ìwé sí?

8. The doctor cured the patient on the disease.
   Dókítà /oníṣẹ̀gùn wo àrùn tí ń ṣe sàn aláìsàn.

9. The man is stronger than I.
   Ọ̀gbẹ́ni náà ní mí lọ okun jù.

10. Each of the nurses were fined by the doctor.
    Ọ̀kọ̀ọ̀kan àwọn nọ́ọ̀sì náà ni dókítà lóji ta.

53

Exercise 10

Correct any mistakes you find in the following sentences:
Ṣé àtúnṣe lórí àwọn ọ̀rọ̀ yí:

1. This is one of the buildings that was built by the architect.
   Èyí ni ọ̀kan lára ilé tí oní àgbékalẹ̀ ilé (architect) kọ́ ìmọ̀ nípa.

2. Wisdom is more preferable than weaith.
   Kí èèyàn ní ọgbọ́n dára ju lọ ọ̀rọ̀.

3. Each of the twenty students were invited to the theatre.
   Ọ̀kọ̀ọ̀kan àwọn ogún akẹ́kọ̀ọ́ náà ni wọ́n pè sí gbọ̀ngàn inú.

4. One of the carpenters who was employed has been dismissed from the works.
   Ọ̀kan lára òṣìṣẹ́ gbẹ́nàgbẹ́nà tí wọn gbà sí iṣẹ́ ni lé dànù wọ́n ti.

5. The workshop is much bad than before.
   Ibùdó iṣẹ́ náà ti bàjẹ́ ju lọ ti tẹ́lẹ̀.

6. The lecturer was angry on the students.
   Olùdánilẹ́kọ̀ọ́ náà bínú akẹ́kọ̀ọ́ sí.

7. Health is important than wealth.
   Ìlera ṣe pàtàkì ju lọ ọrọ̀.

8. London is largest of all UK cities.
   London ni ó tóbi jùlọ nínú gbogbo ìlú ní UK tí ó wà.

9. Hard work is essential at success in examinations.
   Iṣẹ́ àṣekára ṣe pàtàkì fún àṣeyege ìdánwò nínú.

10. The patient go to the hospital everyday.
    Ojoojúmọ ni aláìsàn náà ń lọ ìwòsàn sí ilé.

Exercise 11

Correct any mistakes you find in the following sentences:
Ṣé àtúnṣe lórí àwọn ọ̀rọ̀ yí:

---

1. Birmingham is largest than any city in the Midlands.
    Ìlú Birmingham ni ó tóbi jù èyíkéyìí ìlú tí ó Midlands lọ wà ní.

---

2. As it was Saturday afternoon, the shops are all closed.
    Nítorí ó jẹ́ ọ̀sán ọjọ́ sátidé, gbogbo ìsọ̀ wọ́n ti.

---

3. I think Andrew is best of the two at tennis.
    Mo lérò pe Andrew dára jù láàrin àwọn méjééjì gbígbá nínú tẹnisi.

---

4. This was the severest blow we have ever endured before.
    Èyí ni ìkọlù tí ó burú jùlọ faradà rí tí a tìí.

---

5. Such book ought not to be given to children.
    Irú àwọn ìwé bẹ́ẹ̀ kò yẹ kí àwọn ọmọdé wọn fún.

---

6. The Mayor is the principle man in our district.
    Alákòsó agbègbè (Mayor) ni agbègbè wa ọ̀pómúléró.

---

7. Neither Tom nor John are coming with me.
    Yálà Tom tàbí John, ọ̀kankan wọn bámi wa kò ní.

---

8. You and Charles is representing the town.
    Ìwọ àti Charles ni ìlú wa ẹ̀ ń ṣojú.

---

9. The boys seemed to be nearly dressed alike.
    Ó dàbi ẹni pé, bí àwọn ọmọkùnrin náà jọra ṣe múra.

---

10. The father has real affectation for his sun.
    Bàbá náà ní ọmọkùnrin rẹ̀ ìfẹ́ fún.

Exercise 12

Correct any mistakes you find in the following sentences:
Ṣé àtúnṣe lórí àwọn ọ̀rọ̀ yí:

1. Freelance photographers are generally populous.
   Gbogbo àwọn afiṣẹ́ ayàwòrán ṣe àbọ̀ṣẹ́, gbajúmọ̀ ma ń.

2. One can behave as one likes in his own home.
   Èèyàn lè ṣe bó ṣe ilé rẹ̀ wùú nínú.

3. I shall be pleased to accept your invitation for Sunday next.
   Inú mi dùn láti rí ìpè rẹ ní ọjọ́ tí ó ń bọ̀ Sunday.

4. Mandy was a beautiful girl and who was loved by all her friends.
   Arẹwà omidan tí ọ̀rẹ́ fẹ́ran gbogbo ni Mandy.

5. Why does you lie?
   Kílódé tí o fi iró pa?

6. The girl tried to quick return.
   Ọmọbìnrin náà gbìyànjú láti kíákíá padà.

7. Her dress is costlier than me.
   Aṣọ ọmọbìnrin náà gbówó lérí tèmi lọ ju.

8. She will had to soon repent.
   O ní láti ronú láìpẹ́ pìwàdà.

9. Each of the twelve girls were awarded price.
   Ọ̀kọ̀ọ̀kan àwọn ọmọbìnrin méjìlá ni wọ́n ẹ̀bùn fún ní.

10. One of we must go to the meeting.
    Ẹnìkan lára wa gbọ́dọ̀ lọ sí náà ibi ìpàdé.

56

Exercise 13

Correct any mistakes you find in the following sentences:
Ṣé àtúnṣe lórí àwọn ọ̀rọ̀ yí:

1. I had saw the bird in the cage.
   Mo ti rí ẹyẹ nínú ri àkámọ́.

2. The physician attended his patient.
   Onímọ̀ iṣẹ́ iṣẹ̀gùn ń dá àwọn lóhùn aláìsàn.

3. You should try to keep this secret among you and me.
   O gbọ́dọ̀ gbìyànjú láti jẹ́ kí nǹkan àṣírí yìí pamọ́ wa sí ààrin.

4. "Great Expectations" was wrote by Charles Dickens.
   Charles Dickens ni ó 'ìrètí ń lá' (Great Expectations) kọ ìwé.

5. Becky frankly told him to immediately returned the fountain pen.
   Becky Frankly sọ fún pe, kó dá gègé náà lẹ́sẹ̀kẹsẹ̀ padá.

6. The hermit had to subsist with fruits.
   Èso ni aládàníkàn gbè ẹ̀dá fi gbé rẹ̀ ró ẹ̀mí.

7. No single truant were traced by the teacher.
   Olùkọ́ kò rí ọ̀kankan lára àwọn ìsáǹsá rárá náà mú.

8. Corporeal punishment is not allowed in the school.
   Wọn kò fi ààyè gba fífi ìyà tí o dógbin jẹ akẹ́kọ̀ọ́ ní mọ́ ilé ẹ̀kọ́.

9. The students study corporal objects in laboratory.
   Àwọn akẹ́kọ̀ọ́ ń kọ́ nípa nǹkan àfojúri ní ìwádìí yàrá.

10. The two girls helped theirselves.
    Àwọn ọmọbìnrin méjéèjì ran wọn lọ́wọ́ ara.

Exercise 14

Correct any mistakes you find in the following sentences:
Ṣé àtúnṣe lórí àwọn ọ̀rọ̀ yí:

1. Though he is poor but he is proud.
   Bó ti ẹ̀ jẹ́ pé ó kúṣẹ̀ẹ́, gbéraga ó.

2. I shall be killed and nobody save me.
   Wọn yóó pamí àti pé kò sí ẹni tí yóó là gbàmí.

3. I pass my test last term.
   Mo yege ìdánrawò tí ó kọjá ti táàmù.

4. The girl dances like I.
   Ọmọbìnrin náà bíi tèmi ń jó.

5. The apprentice should obeys his master.
   Ọmọ ẹ̀kọ́ṣẹ́ gbọ́dọ̀ gbọ́rọ̀ lẹ́nu sí ọ̀gá ẹ̀.

6. Christopher Columbus invented America.
   Christopher Columbus ni ó ṣe Amẹ́ríkà àwárí.

7. I come to play with you?
   Ṣé mo lè wá ṣe pẹ̀lú rẹ eré?

8. The traveller was hung by the thieves.
   Àwọn olè arìnrìnàjò náà yẹgi fún.

9. Pitched battle is always exhausted.
   Ogun ìdojúkọjú sábà máa ń mú èèyàn kó rẹ.

10. Husbands have a bias at their wives.
    Àwọn ọkọ máa ń ṣe ìrẹ́jẹ sí àwọn wọn ìyàwó.

Exercise 15

Correct any mistakes you find in the following sentences:
Ṣé àtúnṣe lórí àwọn ọ̀rọ̀ yí:

---

1. Both girls was present.
   Ọmọbìnrin ló wá méjéèjì.

---

2. The two boys had everyone a book.
   Ọmọkùnrin méjéèjì kọ̀ọ́kan ní ìwé.

---

3. Who is the more intelligent, Tom or Kenny?
   Taani ọpọlọ rẹ̀ pé jùlọ, Tom Kenny àbí?

---

4. One student only came in late last week.
   Akẹ́kọ̀ọ́ kan ṣoṣo ni ó péwọ ilé tí ó kojá ní ọ̀sẹ̀.

---

5. The stranger has the power to adopt himself to circumstances.
   Àlejò náà ní agbára láti fi ara da ṣe rí bí ǹkan.

---

6. This shop is more larger than that shop.
   Ilé ìtajà yìí gbòòrò ju lọ ìyẹn.

---

7. The pupil started early because he might not be late.
   Ọmọdé akẹ́kọ̀ọ́ tètè bẹ̀rẹ̀ kí ó pẹ́ ma baà.

---

8. The students in the laboratory is not hardworking.
   Àwọn akẹ́kọ̀ọ́ tí wọn wà ní yàrá àyẹ̀wò mọ́ iṣẹ́ kò jára.

---

9. 'Gulliver's Travels' were written by Swift.
   Swift ló Gulliver's travel kọ ìwé.

---

10. The girl was absorbed with her work.
    Ọmọbìnrin náà ti gbàgbé ara sí iṣẹ́ rẹ̀ inú.

Exercise 16

Correct any mistakes you find in the following sentences:
Ṣé àtúnṣe lórí àwọn ọ̀rọ̀ yí:

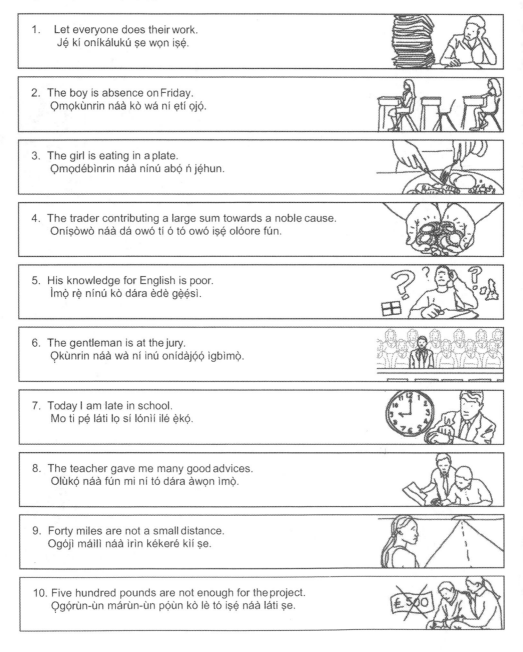

1. Let everyone does their work.
   Jẹ́ kí oníkálukú ṣe wọn iṣẹ́.

2. The boy is absence on Friday.
   Ọmọkùnrin náà kò wá ní ẹtí ọjọ́.

3. The girl is eating in a plate.
   Ọmọdébìnrin náà nínú abọ́ ń jẹ́hun.

4. The trader contributing a large sum towards a noble cause.
   Oníṣòwò náà dá owó tí ó tó owó iṣẹ́ olóore fún.

5. His knowledge for English is poor.
   Ìmọ̀ rẹ̀ nínú kò dára èdè gẹ̀ẹ́sì.

6. The gentleman is at the jury.
   Ọkùnrin náà wà ní inú onídàjọ́ọ́ ìgbìmọ̀.

7. Today I am late in school.
   Mo ti pẹ́ láti lọ sí lónìí ilé ẹ̀kọ́.

8. The teacher gave me many good advices.
   Olùkọ́ náà fún mi ní tó dára àwọn ìmọ̀.

9. Forty miles are not a small distance.
   Ogójì máìlì náà ìrìn kékeré kìí ṣe.

10. Five hundred pounds are not enough for the project.
    Ọgọ́rùn-ùn márùn-ùn pọ́un kò lè tó iṣẹ́ náà láti ṣe.

Exercice 17

Correct any mistakes you find in the following sentences:
Ṣé àtúnṣe lórí àwọn ọ̀rọ̀ yí:

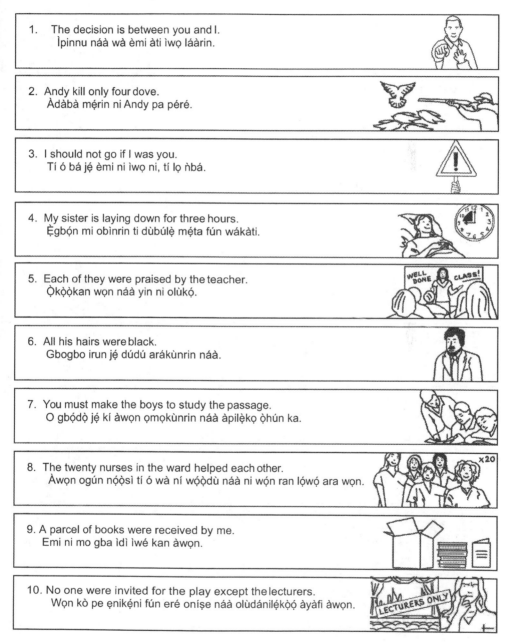

1. The decision is between you and I.
   Ìpinnu náà wà èmi àti ìwọ láàrin.

2. Andy kill only four dove.
   Àdàbà mẹ́rin ni Andy pa péré.

3. I should not go if I was you.
   Tí ó bá jẹ́ èmi ni ìwọ ni, tí lọ ǹbá.

4. My sister is laying down for three hours.
   Ẹ̀gbọ́n mi obìnrin ti dùbúlẹ̀ mẹ́ta fún wákàti.

5. Each of they were praised by the teacher.
   Òkọ̀ọ̀kan wọn náà yin ni olùkọ́.

6. All his hairs were black.
   Gbogbo irun jẹ́ dúdú arákùnrin náà.

7. You must make the boys to study the passage.
   O gbọ́dọ̀ jẹ́ kí àwọn ọmọkùnrin náà àpilẹ̀kọ ọ̀hún ka.

8. The twenty nurses in the ward helped each other.
   Àwọn ogún nọ́ọ̀sì tí ó wà ní wọ́ọ̀dù náà ni wọ́n ran lọ́wọ́ ara wọn.

9. A parcel of books were received by me.
   Emi ni mo gba ìdì ìwé kan àwọn.

10. No one were invited for the play except the lecturers.
    Wọn kò pe ẹnikẹ́ni fún eré oníṣe náà olùdánilẹ́kọ̀ọ́ àyàfi àwọn.

61

Exercise 18

Correct any mistakes you find in the following sentences:
Ṣé àtúnṣe lórí àwọn ọ̀rọ̀ yí:

1. Might I accompany you to the theatre?
   Ǹjẹ́ mo le tẹ̀lé ọ lọ eré ìtàgé sí gbọ̀gàn?

2. I insisted to have my reward.
   Mo ní dandan àfi bí wọ́n bá fún mi tèmi ní ẹ̀tọ́.

3. I have a great disire of meeting you.
   Ó mú mi lẹ́mìí rí ọ láti.

4. One were wounded, and one was captured.
   Ọ̀kan fi ara pa, wọ́n sì rí mú ọ̀kan.

5. Get the luggage ready against when I come.
   Di ẹrù náà sìlẹ́ di ìgbà tí dé mo bá.

6. He not only build a house but also a garrage.
   Ilé nìkan kọ́ ni ó kọ́, ó kọ́ ààyè náà ìgbọ́kọ̀sí.

7. My mother not like my interfering in that matter.
   Ìyá mii kò fẹ́ bí mo ṣe ọ̀rọ̀ náà dá sí.

8. A series of lectures have been arranged by the college.
   Ọ̀kan òjọkan ìdánílékọ̀ọ́ ni ilé ìwé náà sílẹ̀ ti ṣètó.

9. The boy's desease is incurable.
   Àìsàn tí ó ń ṣe ọmọkùnrin náà kò wò ṣe.

10. Fresh air is conducive of good health.
    Afẹ́fẹ́ tútù dára fún gidi ìlera.

Exercise 19

Correct any mistakes you find in the following sentences:
Ṣé àtúnṣe lórí àwọn ọ̀rọ̀ yí:

1. Every girl in the class will do his utmost.
   Ọ̀kọ̀ọkan àwọn ọmọbìnrin tí ó wà nínú yàrá ìkẹ́kọ̀ọ́ náà ipá wọn yóó sa.

2. The man did not say whom it was.
   Ọkùnrin náà ẹni tíí ṣe kò sọ.

3. Gulliver's Travels are very popular.
   (Ilé iléṣẹ arìnrìnàjò) Gulliver's Travels ní gan an òkìkí.

4. She asked them what were they eaten?
   Ó bi wọ́n kíni wọn ń jẹ oun tí?

5. She met her father when she going to the play.
   Obìnrin náà pàdé bàbá rẹ̀ ní ọ̀nà ibi tí ó ṣeré ti ń lọ.

6. Linda have one of the best-selling books from the bookshop.
   Lindfa ní ọ̀kan lára àwọn ìwé tí ó ń tà jùlọ láti náà ilé ìtàwé.

7. Do you find any difficulty to understand French?
   Ǹjẹ́ o ní ìsòro kankan láti Faransé gbọ́ èdè?

8. When will you come to mine garden?
   Ìgbà wo ni o máa wá sí mi ọgbà?

9. One must be particular about his business.
   Ènìyàn gbọ́dọ̀ mu ní ọkúnkúndùn òwò rẹ̀.

10. Francis has work out only five problems.
    Ìṣòro márùn ún péré ni Francis ìdáhùn sí ti ní.

Exercise 20

Correct any mistakes you find in the following sentences:
Ṣé àtúnṣe lórí àwọn ọ̀rọ̀ yí:

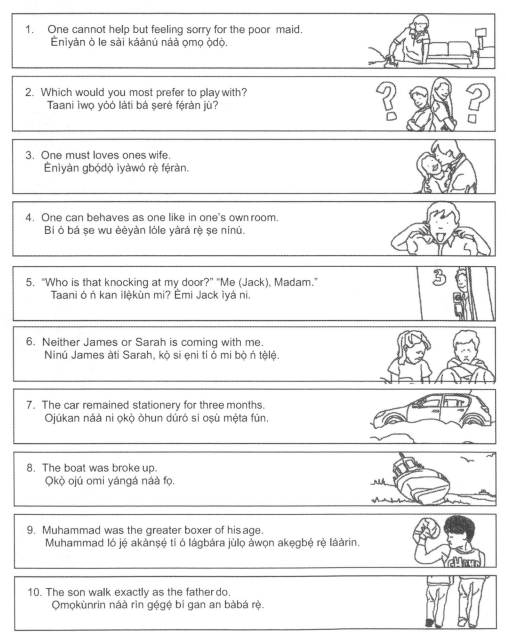

1. One cannot help but feeling sorry for the poor maid.
    Ènìyàn ò le sài káánú náà ọmọ ọ̀dọ̀.

2. Which would you most prefer to play with?
    Taani ìwọ yóó láti bá ṣeré fẹ́ràn jù?

3. One must loves ones wife.
    Ènìyàn gbọ́dọ̀ ìyàwó rẹ̀ fẹ́ràn.

4. One can behaves as one like in one's own room.
    Bí ó bá ṣe wu èèyàn lóle yàrá rẹ̀ ṣe nínú.

5. "Who is that knocking at my door?" "Me (Jack), Madam."
    Taani ó ń kan ìlẹ̀kùn mi? Èmi Jack ìyá ni.

6. Neither James or Sarah is coming with me.
    Nínú James àti Sarah, kò si ẹni tí ó mi bọ̀ ń tẹ̀lẹ́.

7. The car remained stationery for three months.
    Ojúkan náà ni ọkọ̀ òhun dúró sí oṣù mẹ́ta fún.

8. The boat was broke up.
    Ọkọ̀ ojú omi yángá náà fọ.

9. Muhammad was the greater boxer of his age.
    Muhammad ló jẹ́ akàṇṣẹ́ tí ó lágbára jùlọ àwọn akẹgbẹ́ rẹ̀ láàrin.

10. The son walk exactly as the father do.
    Ọmọkùnrin náà rìn gẹ́gẹ́ bí gan an bàbá rẹ̀.

Answers - ENGLISH

Key to Exercise 1

1. When will you go home?
2. These books are useful for the students.
3. The boys go to the park.
4. It was I who should have done it.
5. One of the books is not available in the bookshop.
6. This is the oldest building in Cardiff.
7. He has been asleep since last Thursday.
8. She has been suffering from bird flu for one week.
9. Of all the drivers he is the best.
10. The proprietor said that he would keep the school open today.

Key to Exercise 2

1. He has agreed and he still agrees to your suggestion.
2. The Author was bent upon completing the book.
3. He spoke no further.
4. The last apprentice was admitted yesterday.
5. Many women were wounded in the street fight.
6. Many students were punished by the teacher.
7. She was ashamed of her mistakes.
8. The seven boys loved one another.
9. The two boys were quarrelling with each other.
10. Your sister has a lot of money.

Key to Exercise 3

1. My brother as well as my sister is kind.
2. Paul is always playful at home and on the playground.
3. This necktie is better than and not inferior to that necktie.
4. Hard work in addition to concentration has ensured his success.
5. Andrew is the heir to a large estate.
6. She was accused of neglect of duty.
7. Three years ago she was studying in London.
8. Are you stronger than me?
9. His older brothers showed their love for him.
10. The rubber trees cast their leaves a week ago.

Key to Exercise 4

1. My older brother is helping me.
2. She hung the pictures of the queen in the house.
3. The dancers prefer loose clothes.
4. One of the children tells me that an accident has taken place.
5. She says that she will go home the following day.
6. Many books were lying on the shelf.
7. He is one of the private doctors that have gone to France.
8. The news was alarming.
9. Mathematics was not understood by her.
10. Miss Taylor returned the book which she could not read.

Key to Exercise 5

1. The girl who is weak is afraid of others.
2. I will see that the homework is done.
3. She drinks wine every day.
4. The man was unable to pay what he owed.
5. Her handwriting was illegible.
6. Will you tell me the tale that you have heard?
7. Silver as well as lead has risen in price.
8. The doctor had scarcely turned his back when the nurses shouted.
9. The hospital has spacious rooms.
10. The waiters partook of the refreshments served on a lavish scale.

Key to Exercise 6

1. The lecturer's message was verbal, not written.
2. A special police unit was appointed to investigate the trouble.
3. The boys that were in the bus were killed.
4. The working class must lead an economical life.
5. The two boys solved the problems of each other.
6. I have been sick for five weeks.
7. The clock which was lying on the table was destroyed.
8. To whom did you tell the news?
9. Dennis looks pale, doesn't he?
10. The lady whom he loved was beautiful.

Key to Exercise 7

1. She is angry with me.
2. You may use this cup as long as you want.
3. Edison invented the modern electric light bulb.
4. It is good to abstain from alcoholic drinks.
5. David is the best player.
6. She is the honorary secretary to the club.
7. I saw the palm tree which was blown down by the storm.
8. The prince not only gave him food but money also.
9. I had taken my breakfast before he came.
10. The boys spoke the truth.

Key to Exercise 8

1. A sensible man provides against old age.
2. Neither the tutors nor the students were present at the dance.
3. The labourer does not work in the field.
4. I didn't like any of the presents.
5. He is more honest than any other trader.
6. French is a difficult language to learn.
7. Each one of the boys was well versed in Mathematics.
8. The boy was sitting beside his brother.
9. The boy plunged into the river.
10. The girl and the boy guided each other in the dark.

Key to Exercise 9

1. This matter is between you and me.
2. The boy is as brave as me.
3. A new cloth is better than an old one.
4. A lady must be careful in her domestic work.
5. She took away all the books on the table.
6. One cannot eat what one likes.
7. Will you write a letter to your mother?
8. The doctor cured the patient of his disease.
9. The man is stronger than me.
10. Each of the nurses was fined by the doctor.

Key to Exercise 10

1. This is one of the buildings that were built by the architect.
2. Wisdom is preferable to wealth.
3. Each of the twenty students was invited to the theatre.
4. One of the carpenters who were employed, has been dismissed from the work.
5. The workshop is worse than before.
6. The lecturer was angry with the students.
7. Health is more important than wealth.
8. London is the largest of all the UK cities.
9. Hard work is essential for success in examinations.
10. The patient goes to the hospital everyday.

Key to Exercise 11

1. Birmingham is larger than any city in the Midlands.
2. As it was Saturday afternoon, the shops were all closed.
3. I think Andrew is better of the two at tennis.
4. This was the severest blow we have ever endured.
5. Such books ought not to be given to children.
6. The Mayor is the principal man in our district.
7. Neither Tom nor John is coming with me.
8. You and Charles are representing the town.
9. The boys seemed to be dressed in a similar manner.
10. The father has real affection for his son.

Key to Exercise 12

1. Freelance photographers are generally popular.
2. One can behave as one likes in one's own home.
3. I am pleased to accept your invitation for next Sunday.
4. Mandy was a beautiful girl who was loved by all her friends.
5. Why did you lie?
6. The girl tried to return quickly.
7. Her dress is costlier than mine.
8. She will have to repent soon.
9. Each of the twelve girls was awarded a prize.
10. One of us must go to the meeting.

Key to Exercise 13

1. I had seen the bird in the cage.
2. The physician attended to his patient.
3. You should try to keep this secret between you and me.
4. "Great Expectations" was written by Charles Dickens.
5. Becky frankly told him to return the fountain pen immediately.
6. The hermit had to subsist on fruits.
7. No single truant was traced by the teacher.
8. Corporal punishment is not allowed in the school.
9. The students study corporeal objects in the laboratory.
10. The two girls helped themselves.

Key to Exercise 14

1. Though he is poor, he is proud.
2. I shall be killed and nobody will save me.
3. I passed my test last term.
4. The girl dances like me.
5. The apprentice should obey his master.
6. Christopher Columbus discovered America.
7. Shall I come to play with you?
8. The traveller was hanged by the thieves.
9. Pitched battle is always exhausting.
10. Husbands have a bias towards their wives.

Key to Exercise 15

1. Both girls were present.
2. The two boys had a book each.
3. Who is more intelligent, Tom or Kenny?
4. Only one student came in late last week.
5. The stranger has the power to adapt himself to circumstances.
6. This shop is larger than that shop.
7. The pupil started early so that he might not be late.
8. The students in the laboratory are not hard-working.
9. 'Gulliver's Travels' was written by Swift.
10. The girl was absorbed in her work.

Key to Exercise 16

1. Let everyone do their work.
2. The boy is absent on Friday.
3. The girl is eating from a plate.
4. The trader contributed a large sum towards a noble cause.
5. His knowledge of English is poor.
6. The gentleman is on the jury.
7. Today I am late for school.
8. The teacher gave me some good advice.
9. Forty miles is not a small distance.
10. Five hundred pounds is not enough for the project.

Key to Exercise 17

1. The decision is between you and me.
2. Andy killed only four doves.
3. I would not go if I were you.
4. My sister has been lying down for three hours.
5. Each of them was praised by the teacher.
6. All his hair was black.
7. You must make the boys study the passage.
8. The twenty nurses in the ward helped one another.
9. A parcel of books was received by me.
10. No one was invited for the play except the lecturers.

Key to Exercise 18

1. May I accompany you to the theatre?
2. I insisted on having my reward.
3. I have a great desire to meet you.
4. One was wounded, and one was captured.
5. Get the luggage ready for my arrival.
6. He not only built a house but also a garage.
7. My mother did not like my interfering in that matter.
8. A series of lectures has been arranged by the college.
9. The boy's disease is incurable.
10. Fresh air is conducive to good health.

Key to Exercise 19

1. Every girl in the class will do her utmost.
2. The man did not say who it was.
3. 'Gulliver's Travels' is very popular.
4. She asked them what they were eating.
5. She met her father on her way to the play.
6. Linda has one of the best-selling books from the bookshop.
7. Do you have any difficulty in understanding French?
8. When will you come to my garden?
9. One must be particular about one's business.
10. Francis has worked out only five problems.

Key to Exercise 20

1. One cannot help feeling sorry for the poor maid.
2. Whom would you prefer to play with?
3. One must love one's wife.
4. One can behave as one likes in one's own room.
5. "Who is that knocking at my door?" "It's Jack, madam."
6. Neither James nor Sarah is coming with me.
7. The car remained stationary for three months.
8. The boat was broken up.
9. Muhammad was the greatest boxer of his age.
10. The son walks exactly as the father does.

ANSWERS – HAUSA

KEY TO EXERCISE 1

1. Yaushe zaka je gida?
2. Wannan litattafan sun anfani ga dalibai.
3. Yaran sun tafi gurin jin dadi.
4. Yakamata ace ni na yi shi.
5. Daya daya cikin litattafan babu shi a gurin siyar da littafi.
6. Wannan shi ne tsohon gida a birnin Cardiff.
7. Ya na ta barci tun satin alhamis daya wuce.
8. Cutar tsuntsaye tana ta damunta tun sati daya dayawuce.
9. Acikin dirobobin duk yafi kwarewa.
10. Shugaban makaranta yace ze barin makaranta a bude yau.

KEY TO EXERCISE 2

1. Ya yarda kuma ya kara yadda da shawaran ka.
2. Mawallafin littafi yakusa kare wallafa littafin sa.
3. Yayi magana har ba iyaka.
4. Ankai almajirin karshe asibiti.
5. Mata dayawa sun ji rauni a bisa fadan unguwa.
6. Malami ya hukunta dalibai da dama.
7. Ta ji kunya a bisa kuskuren da ta yi.
8. Maza bakwai suna san junansu.
9. Wasu maza suna gaba a tsakanin su.
10. Yar hwarka tana da kudi masu yawa.

KEY TO EXERCISE 3

1. Yaya na da yaya ta masu jinkai ne.
2. Paul mai san wasa ne a gida tare da filinwasa.
3. Wannan madaurin wuyan tafi amma ba na baya bana ga me daurawa.
4. Kuzoo bisa bugu da karin maida hankaliasa na tabbatar da nasaransa.
5. Andrew ne magajin babbar unguwa.
6. An zargeta bisa sakacin aiki.
7. Shekara uku da suka wuce tana karatune a birinin London.
8. Kana tunanin kafini Karfi?
9. Babban yayansa ya nuna soyaryansa a garesu.
10. Bushiya roba ta fara fitar da ganyenta satin daya gabata.

KEY TO EXERCISE 4

1. Babban yayana ya na taimaka ni.
2. Ta rataya hoton sarauniya a gida.
3. Musa rawa sunfi so sako-saka da tufafinsu.
4. Daya doga cikin yaran ne ya fada min cewa hatsarin ya faru.
5. Tace zata tafi gida a washegari.

6. Littafa suna shirye a mazauninsu.
7. Yana daya daga cikin likitocin da suka taba tafiya France.
8. Labarin na gangami.
9. Lissafi (Mathematics) baya daya cikin abinda take ganewa.
10. Miss Taylor ta dawo da litafin da ta kasa karantawa.

KEY TO EXERCISE 5

1. Yarinyan da tayi rauni tana tsoron wasu.
2. Se na tabbatar cewa aikingida (homework) an kammala shi.
3. Tana shan giya a koda yaushe.
4. Mutumin ya kasa biyan bashin dayaci.
5. Rubutun nata baya nunawa sosai.
6. Zaka iya fada min labarin dakaji?
7. Parashin azurfa tare de darma (lead) ya tashi.
8. Likitan ya juya bayansa a fusace a yayin da likita mace (nurse) tayi ihu.
9. Asibitin na da dakuna masu fili.
10. Muas sabissun dau bautawar hutawar da akayi a skale.

KEY TO EXERCISE 6

1. Sakon malamin beyi bakiba a rubuce.
2. Wasu yan sanda na musamman aka nada domin binciken masifar.
3. Mazan dasuke cikin motar aka kashe.
4. Masu aikin aji dole sukai ga tattalin rayuwa.
5. Maza biyu sun magance matsalar da ta shafe su.
6. Na danyi rashin lafiya ba kwana biyar.
7. An bata agogo da aka ajiye bisa tebur.
8. Wa kika fadawe labarin?
9. Dennis duba ya kode, ko beyi ba?
10. Yarinyar daya ke so tana da kyan.

KEY TO EXERCISE 7

1. Tana fushi dani.
2. Zaka iya amfani da kofin nan a duk sadda kaga dama.
3. Edison ya kirkiro kwan fitila na zamani.
4. Yana da kyau a dinga kaucewa giya.
5. David ne babban dan wasa.
6. An girmamata a sakatariyar kungiya.
7. Na gan bushiyar kwakwan da tsawa ta buge.
8. Yarima ba abince kawai yake bashi ba hard kudi.
9. Nariga nayi karrin kummala kafin yashigo.
10. Yaran sun fadi gaskiya.

KEY TO EXERCISE 8

1. Babban mutum baya wasa da shekarunsa.
2. Tsakanin malaman koyarwa da dalibai ne suka halarci rawa.
3. Ma'aikacin baya aiki a filin.
4. Banasan ko daya daca cikin kyatar.
5. Yafi rike gaskiya a tsakanin su yan kasuwa.
6. Yaran Faransa yana da wahalar koyo.
7. Duka daga cikin yaran na da kokari a fannin lisafi (Mathematics).
8. Yaron yana zaune agefen yayansa.
9. Yaron ya afka cikin Kogi.
10. Yaro da yarinyar sun shiryu a tsakaninsu a cikin duhu.

KEY TO EXERCISE 9

1. Wanan alamarin tsakanin ni da kaine.
2. Yaron jarimi ne kamar ni.
3. Sabon tufafi yafi tsoho.
4. Mace ta dinga hankali akan aikin ta na yauda kullum.
5. Ta kwashe litaffan dake kan tebur.
6. Wani bazai iya cin abinda wani baya so ba.
7. Zaka rubuta wasika izuwa ga mahaifiyarka?
8. Likitan ya warkar dashi daga cutar sa.
9. Mutumin yafini karfi.
10. Likitan yaci taran likitoci mata (nurse).

KEY TO EXERCISE 10

1. Wannan yana daya daga cikin ginin da masu zanen gine-gine suka gina.
2. Hikima zai fi dacewa akan akan dukiyar.
3. Kowannen su daga cikin dalibai ashirin an gaiyace shi izuwa wajen wasan kwaikwayo.
4. Daya daga cikin masu aikin masassakin (carpenter) da aka dauka, an kore shi daga aiki.
5. Wuria aiki har yafi da muni.
6. Malamin yayi fushi ga daliban.
7. Lafiya yafi mahimmanci akon dukiya.
8. London shine babba a birnin UK.
9. Maida hankali muhimmin nasara a gurin jarabawa.
10. Marasa lafiya suna zuwa asibiti a kodayaushe.

KEY TO EXERCISE 11

1. Birmingham yafi kowanne birni girma mid lands.
2. A yammacin ranar lahadi kowanne shago a rufe yake.
3. Ine tunanin Andrew yafi sauran biyun a tanis (tennis).
4. Wanna shine dukan da bamu taba jimre ba.
5. Ba irin litafin dayakamata a baiwa yara bane.
6. Magajin gari shine babba a gundumar mu (district).

7. Tsakanin tom da John ne zasu biya ni.
8. Kai da Charles zaku wakilci gari.
9. Mazan sunyi ade iri daban daban.
10. Mahaifin yana matukar kaunar dansa.

KEY TO EXERCISE 12

1. Masu aikin daukar hoto a kullum sanannu ne.
2. Wani na nuna hali ba kamar yadda yake a gidan wani.
3. Na ji dadin a msar gaiyatar ka na satin lahadi me zuwa.
4. Mandy yarinya ce kyakkyawa, kuma kawayenta nasanta.
5. Meyasa kayi karya?
6. Yarinyar taso ta dawo dawuri.
7. Rigarta tafi nawa tsada.
8. Ta kusa yin tuba.
9. Dukkaninsu daga cikin mata goma shabiyu an basu kyauta.
10. Daya daga cikin mu se ya halarci taron.

KEY TO EXERCISE 13

1. Naga tsuntsunwar acikin gidanta.
2. Likitan yana kula da marasa lafiyar sa.
3. Yakamata mu ajiye sirrin nan tsakina da kai.
4. Charle dickens ne wallafa "Babban Jira".
5. Becky Frankly yace mai ya dawo da marmaron alkalami da gaggawa.
6. Tsira da sufi akan "yayan itace".
7. Ba wani alamar dalibin da baya zuwa makaranta da ya nuna ga malamin.
8. Ba wani azabtarwa na musamman daza a kyalle a makaranta.
9. Dalibai suna koyon abu na hakika a gurin koyo.
10. Yaran mata biyu sun taimaki kansu.

KEY TO EXERCISE 14

1. Talaka ne amma yana alfahari.
2. Za'a kasheni kuma ba wanda ze ceceni.
3. Naci jarabawar tawa na wancen lokacin.
4. Yarinyar tana rawa kamar ni.
5. Almajirin dole yabi umanin ubangidansa.
6. Christopher Columbus ya gano Amurka.
7. Zan iya zuwa nayi wasa dakai?
8. Barayin sun tsare matafiya.
9. Yakin fili me kawo gajiya ne.
10. Mazajensu na nuna banbanci ga matayensu.

KEY TO EXERCISE 15

1. Harda yanmata sun iso.
2. Yara biyu kawanne yana da littafi.
3. Waye yafi hankali tsakanin Tom ko Kenny?
4. Daya daga cikin dalibai ne yazo latti satin daya wuce.
5. Ba'kon yana da kaffin daidai ta kanshi a bisa yanayi.
6. Wannan shago yafi Wannan girma.
7. Yaron makaranta ya fara da wuri saboda karyayi latti.
8. Daliban da suke gurin koyon iri basuda hazaka.
9. Swift ne ya wallafa 'Gullivers Travels'.
10. Yarinyar tana tunawa da aikinta.

KEY TO EXERCISE 16

1. Ku kyalle kowa yayi aikinsa.
2. Yaron be zo ba a ranar juma'a.
3. Yarinyar tana cin abinci acikin faranti.
4. Dan kasuwa ya fallafa kudi masu yawa a gurin girmamawa.
5. Saninsa a harshen turanci kalilan ne.
6. Mutumin yana kan juri (jury).
7. Yau nayi laffin zuwa makaranta.
8. Malamin ya bani shawara masu kyan.
9. Mille arba'in ba karamin tafiya bane.
10. Fan dari biyar ba zai ishe aikin ba.

KEY TO EXERCISE 17

1. Wannan hukuncin tsakani na dakai ne.
2. Andy ya kashe kurciya hudu ne kawai.
3. Da nine kai da ban wuce ba.
4. Kan wanta ta kwanta na tsawon awanni uku.
5. Malamin ya yabe dukan daliban.
6. Duka gashinsa baki ne.
7. Ku bari yara maza su kula da fasaji.
8. Likitoci mata sun taimakawa kansu da kansu.
9. Na karbi kunshin takardu.
10. Ba wanda aka gaiyata se malamai.

KEY TO EXERCISE 18

1. Zan iya bi dakai ta gurin koyon rawa?
2. Na matsanta a bani lada na.
3. Ina marmarin jin dadin haduwa da kai.
4. An ji ma daya ciwo kuma na cafke dayar.
5. Ku shirya kayan domin ganinan iso wa.
6. Ba gida kawai ya gina ba harda gareji (garage).
7. Uwata bata so ina shiga maganar da ba tawaba.

8. An shiry manyan malamai a makaranta.
9. Cutar yaron be da magani.
10. Iskar waje tana da kyau ga jinkin dan adam.

KEY TO EXERCISE 19

1. Kowace daluba a aji zata nuna matukarta.
2. Mutumin be fada yadda yake ba.
3. Gullivers Travels yana da yawa.
4. Ta tambaye su me suke ci.
5. Ta tarar da babanta a bisa hanyarta zuwa wasa.
6. Linda tana da littafin dayafi kowanne ciniki a shago.
7. Yana maka wuya a gurin koyon harshen Faransa?
8. Yaushe zaka zo lambu na?
9. Kowanenku ya maida hankalinsa a gurin sana'ar kowa.
10. Francis ya magance mastala biyar kawai.

KEY TO EXERCISE 20

1. Ba wanda ze iya ceton yar talaka nan me aiki.
2. Wa kakeso kayi wasa dashi?
3. Kowanen ku se yaso matarku.
4. Ba wanda za iya yi a dakin dayanku.
5. Waye ke kwankwasa min kofa? Nine Jack.
6. Tsakanin Jame da sarah zasu biyo ni.
7. An ajiye motar har na tsahon wata uku.
8. An balla jirgin ruwan.
9. Mahammad ne da wasan dambe a lokacinsa.
10. Yaron yana tatiya kamar yadda babansa yakayi.

ANSWERS - IGBO

Key to Exercise 1

1.   Kedu mgbe ị ga-aga ụlọ?

2.   Akwụkwọ ndị ahụ bara uru.

3.   Ndị nwoke gara n'ama egwuruegwu.

4.   Ọbụ m kwesịrị ime ya.

5.   Otu n'ime akwụkwọ ndị ahụ adịghị ebe a na-ere akwụkwọ.

6.   Ụlọ a bụ otu ụlọ ochie nọ n'Cardiff.

7.   Ọ ka-nọ n'ụra kemgbe Thursday gara aga.

8.   Ọ na-arịa Ọrịa a na-akpọ "Bird flu" kemgbe otu izu ụka.

9.   Ọ bụ ya bụ Okasị n'ịnya ụgbọ ala.

10.   Onye nwe ụlọ akwụkwọ sịrị na ọ ga-emepe tata.

Key to Exercise 2

1.   Okwenyere n'ihe o kwuru.

2.   Onye na-ede akwụkwọ ahụ ṅụrụ iyi na ọ ga-ede pụ akwụkwọ ahụ.

3.   Okwughịkwazị ọzọ.

4.   Ụnyaa, ka-eweere onye ikpeazụ ga-amụ ọlụ.

5.   Ọtụtụ ụmụnwanyi merụrụ ahụ n'ọgụ ahụ a ṅụrụ n'ama.

6.   Onye nkuzi ahụ tara ọtụtụ ụmụ akwụkwọ ahụhụ ụ.

7.   Ihe ahụ omere, mere ya ihere.

8.   Ụmụnwoke asaa ndị ahụ hụrụ onweha n'anya.

9.   Ụmụnwoke abụọ ahụ na-ewere onwe ha iwe.

10.   Nwanne gị nwanyị bụ ogaranya.

Key to Exercise 3

1.   Nwanne m nwoke nakwa nwanne m nwanyị bụ ndị ezigbo mmadu.

2.   Ma n'ụlọ ma n'ama, Paul bụ onye egwuruegwu.

3.   Taayi nke a na-anya n'olu a ka nke ọzọ mma.

4.   Ọ bụ igba mbọ ya mere o jiri were gafee.

5.   Ọ bụ Andrew nwecha ogbe a nile.

6.   A na-ebo ya ebubu na omeghị ihe okwesịrị ime.

7. O na-agu akwukwo n'London aro ito gara aga.

8. Isiri ike karia m?

9. Umu nwanne ya nwoke ndi okenye gosiri ya ihunanya.

10. Osisi ahu gbuchasiri akwa n'izu uka gara aga.

Key to Exercise 4

1. Nwanne m nwoke nke okenye na-enyere m aka.

2. O kokwasara foto eze nwanyi n'ulo ya.

3. Ndi ogba egwu ahu choro uwe na -akpadoghi ha akpado.

4. Odu n'ime Umuaka ahu gwara m na ihe mberede mere .

5. O kwuru na O ga -aga ulo echi.

6. Otutu akwukwo no n'ebe a ha -azuta akwukwo.

7. O soro n'otu n'ime ndi dokita gara rance.

8. Akuko ahu di egwu.

9. O maghi Matematik (Aritimetik).

10. Miss Taylor weghachiri akwukwo ahu nke na -ekweghi ya Ogugu.

Key to Exercise 5

1. Nwatakiri nwanyi ahu nke ume adighi, na-atu ndi ozo egwu.

2. A ga-m ahu na-orulu olu ahu okwesiri iru n'ulo.

3. O na-anu mmanya ubuch i nile.

4. Nwoke ahu enwegh i ike ikwu ugwo o ji.

5. Mmadu agaghi aguta ihe o na -ede.

6. Inwere ike igwa m ihe i nuru?

7. Silver na Lead etinyekwala ego n'ego a na -ere ya n'mbu.

8. Dokita ahu na-enyere ndi nos aka mgbe obula ha choro.

9. Onu ulo nile no n'ulo ogwu ahu bus iri ibu.

10. Onye na-eke nri ahu gbasokwara were rie nri ahu bu aturu taba .

Key to Exercise 6

1. Ozi onye nkuzi ahu bu okwu onu nke na -edeghi ede.

2. A kworo aka hoputa nd i uwe ojii ga-elebara nsogbu ahu anya .

3. Umu nwoke no n'ime ugb o ala ahu nwuru anwu.

4.   Ndị Ọlụ oyibo ga-ekobe akpa ha ebe aka ha ruru ma ha na-ebi ndụ.

5.   Ụmụ nwoke abụo ndi ahụ gboro nkpa ibe ha .

6.   A nọ m n'akwa ọrịa kemgbe izu uka ise.

7.   Elekere ahụ dị n'elu oche mebiri emebi.

8.   Onye ka ị kọọrọ akụkọ ahụ?

9.   Dennis dị ka onye tara ahụ?

10.   Nwanyị o hụrụ n'anya, mara mma.

Key to Exercise 7

1.   Ọ na-ewesara m iwe.

2.   Inwere ike jide iko a rue mgbe ịchọrọ.

3.   Edison Choputara Ọkụ eletrik.

4.   Ịsọ mmanya amaka.

5.   David bụ Ọkacha mma.

6.   Ọ bụ ya bụ ode akwụkwọ ndi otu ahụ .

7.   Ahụrụ m osisi nkwụ ahụ nke ikuku kwaturu .

8.   Okpara eze nyere ya nri ma nyekwa ya ego.

9.   E risigo m nri ụtụtụ tupu o bia .

10.   Ụmụ nwoke ahụ kwuru ezi okwu .

Key to Exercise 8

1.   Nkụ mmadụ kpatara n'ọkọchị ka Ọ na-anya n'udummiri.

2.   Ma ụmụakwụkwọ ma ndị nkuzi adighị nke biara n'egwu ahụ .

3.   Ndị ọlụ arụghị ọlụ n'ubi.

4.   Ọ dighị ihe ndị e nyere m nke masịrị m.

5.   Sọsọ ya na-ekwu ezi okwu n'ndị na-azụ ahịa.

6.   Asụsụ French hịara ahụ mmuta .

7.   Ụmụ nwoke ndị ahụ mụtara aritimetik nke ukwuu .

8.   Nwatakịrị nwoke ahụ nọ n'akụku nwanne ya nwoke .

9.   Nwatakịrị nwoke ahụ mabara n'ime mm iri.

10.   Nwatakịrị nwanyi na nwoke ahu na-edu ibe ha n'ochị chịrị.

Key to Exercise 9

1. Okwu a gbasara mụ na gị.

2. Nwatakịrị nwoke ahụ adighi atụ egwu dị ka m.

3. Akwa ọhụrụ ka nke ochie mma.

4. Nwanyị kwesịrị ido aṅya n'ọlụ ezi na ụlọ.

5. O wepụrụ akwụkwọ ndi ahụ nọ n'elu oche.

6. Mmade enweghi ike iri ihe ọ chọrọ.

7. Ịnwere ike idere nne gị edemede?

8. Dokinta gwọrọ onye ọrịa ahụ ọrịa ya.

9. Nwoke ahu sirị ike kaṅa ni.

10. Dokinta dara ndị nọsụ ahụ ego.

Key to Exercise 10

1. Ụlọ a so otu n'ime ụlọ onye ahụ na-ese ụlọ lụrụ.

2. Amamihe karịrị ụba.

3. Eziri onye ọbụla n'ime ụmụ akwụkwọ ahụ ndi dị ọgu mmadụ, ka ha bia lekiri anya.

4. Otu n'ime ndi kapinta ahụ ewere n'olu, abụrụla onye achụrụ achi n'olu.

5. Ụlọ ọlu ahụ jọrọ njọ karia n'mbụ.

6. Onye nkuzi na-ewesara ụmụ akwụkwọ iwe.

7. Ahụ isi ike karịrị ụba.

8. London buru ibu karịsịa ebe ndị ọzọ n'UK.

9. Ịgba mbọ n'ịgụ Akwụkwọ dị mkpa ijiri were gafee n'ule.

10. Onye ahụ nke na-arịa ọrịa na-aga ụlọ ọgwụ ụbọchi nile.

Key to Exercise 11

1. Birmingham kachara obodo ndị ọzọ dị n'mdiand buo ibu.

2. Ụlọ ahia ndi ahụ mechiri emechi maka na -ọbụ ehihe Saturday.

3. Echere m na Andrew kara onye nke ọzọ akụ tennis.

4. Ihe dị otu a emebeghị m n'ndụ m.

5. Akwụkwọ ahụ abughị akwụkwọ ụmụaka.

6. Eze bụ onye isi n'obodo anyị.

7. Ma ohn ma om adịghi nke ga-esom abịa.

8. Gịn a Charles na-amọchite anya obodo.

9.   Njikere ụmụnwoke ndi a yiri ibe ya.

10.   Nwoke ahụ hụrụ nwa ya nwoke n'anya.

Key to Exercise 12

1.   Ndi ji ise foto were mere aka Ọlụ bụ ndị ama ama.

2.   Mmadu na-eme ihe soro ya n'ụlọ ya.

3.   Obi di m aṅụri maka ọbịbịa ị sịrị ka anyị bịa ụbọchi ụka na-abịa abịa.

4.   Mandy bụ nwatakiri nwanyị mara mma, ndị enyi ya hụrụ ya n'anya.

5.   Gịnị mere ijiri tụọ asị?

6.   Ụmụ nwatakiri nwanyị ahụ chọrọ ilọta ngwa ngwa.

7.   Akwa ya kara nke m dịrị ọnụ.

8.   O kwesịrị icheghari n'oge.

9.   Ụmụnwatakiri nwanyị iri na abụọ ahụ nwetachara akara ugo .

10.   Otu onye n'ime anyị ga-agariri nzụkọ ahụ.

Key to Exercise 13

1.   Ahụla m nnụnụ ahụ nọ n'ime ngịga.

2.   Onye dọkịta ahụ ahụla onye ọ na-agwọ ọria.

3.   Nkata a bụ sọsọ mụ na gị ma gbasara ya.

4.   Ọ bụ Charles Dickens dere akwụkwọ a ba –akpọ "Great Expectations".

5.   Becky gwara yas nyeghachi ya mkpisi edemede ya na-egbughị oge ọbụla.

6.   Onye ahụ bu sọsọ mkpụrụ osisi ka ọ na-ata, maka na ọ na-ekpere chineke nke

        ukwuu.

7.   Onye nkuzi amaghị ụmụ akwukwọ ahụ ndị na-adịghị abịa ụlọ akwụkwọ.

8.   Ọ bụ iwu na adịghị apịa ụmụ Akwụkwọ ihe n'ụlọ akwụkwọ ahụ .

9.   Ụmụ akwụkwọ mụrụ maka ahụ mmadụ n'ime Laabụ, n'ụlọ akwụkwọ.

10.   Ụmụ nwatakiri nwanyị abụọ ahụ nyeere ibe ha aka .

Key to Exercise 14

1.   N'agbanyeghị na ọ bụ Ogbenye, ọ na-eme mpako.

2.   Ọbụrụ na a na-achọ igba m, onweghị onye ga-azọpụta m.

3.   A Lafẹrẹ m ule ahụ n'mgbe gara aga .

4.   Nwatakiri nwanyị ahụ na-agba egwu dị ka m.

5.   Onye na-amụ olụ ga-asopụrụ ọga ya.

6.   Christopher Columbus Chọpụtara Amerika.

7.   Ka m bianụ ka anyị gwurikọọ egwu?

8.   Ndị na-ezu ohi jiri ụdọ were kwugbue onye ije ahụ.

9.   Ọgụ akara aka na-esị ezigbo ike.

10.   Ụmụ nwoke na-enwe echiche ọjọọ ebe ndị nwunye ha nọ.

Key to Exercise 15

1.   Ụmụ nwanyị abụọ ahụ nọ ya mgbe ahụ.

2.   Ụmụ nwoke abụọ ahụ jisị otu akwụkwọ.

3.   Ọbụ Tom ka ọbụ Kenny, kara mara ihe?

4.   Sọsọ otu nwata Akwụkwọ bụ ihe abiaghị n'oge n'izu ụka gara aga.

5.   Onye biara abịa kwesịrị ijiko ta onwe ya.

6.   Ụlọ ahịa nke a buru ibu karia nke ọzọ.

7.   Nwata akwụkwọ ahụ bidoro ije n'og e, ka o rue n'oge.

8.   Ụmụ akwụkwọ ahụ nọ n'ime Laabụ di ume ngwụ.

9.   Ọ bụ 'Swift' dere akwụkwọ a na -akpọ 'Gulliver's Travels'.

10.   Uche nwatakịrị nwanyị ahụ nile dị n'ọlụ ọ na-alụ.

Key to Exercise 16

1.   Hapụ onye obụla ka o lụọ ọlụ ya.

2.   Nwatakịrị nwoke ahụ abịaghị ụbọchi Friday.

3.   Nwatakịrị nwanyị ahụ si n'ime afere were na -eri nri.

4.   Onye mgbere ahụ tụtara nnukwu ego ka ewere mee ihe bara uru .

5.   Asụsụ bekee ya adịghị mma.

6.   Nwoke ahụ soro n'ime nd ị ọkaikpe.

7.   Agaghị m eru n'ụlọ akwụkwo n'oge tata.

8.   Onye nkuzi nyere m ezigbo ndụmọdụ.

9.   Iri "mile" anọ abụghị obere ije.

10.   Ego nnarị "pounds" ise agaghị ezu ọlụ ahụ.

Key to Exercise 17

1. Okwu aḥu bụ mụ na gị ga-ekpebi ya.

2. Andy gburu soso nnụnụ a na-akpọ obu inọ.

3. Ọ bụṛu na m bụ gị, agaghị m aga.

4. Nwanne m nwanyị dinara ala kemgbe awa atọ.

5. Onye nkuzi toro ha nile otuto.

6. Ntụtụ y anile dị ojii.

7. Ḥukwa na-imere ka ụmụ nwoke aḥu mụọ ama ụkwụ akwụkwọ aḥu.

8. N'nkebi ụlọ ọgwụ aḥu, ebe e nwere ọgu n ọs, nọs nile na-enyere ibe ha aka.

9. E nwetara m ngwugwu akwụk wọ ndi aḥu.

10. Sọsọ ndị nkuzi ka-eziri ka ha bịa lekere egwuruegwu aḥu.

Key to Exercise 18

1. Ka m soronu gị nlekere n' "theatre"?

2. E kwuru m na a ga-enyeriri m oke m.

3. Achọṛọ m ka mụ na gị hụ.

4. E meṛuṛu otu onye aḥu, ma jidekwa otu ejide.

5. Bụkọta akpa ọnu, maka ọ fọṛọ obere oge ka anyị ruo njẹm.

6. Ọ lụṛu ụlọ obibi ma l ụkwaa ụlọ ugbọ ala ya ga na-anọ.

7. Nne m achọghị ka m tuye ọnu n'okwu aḥu.

8. Koleji aḥu a haziela ihe nd ị ha ga-akụzi.

9. Ọria nwatakịrị nwoke aḥu adighị ọgwụgwọ.

10. Ikuku dị mkpa maka aḥu isi ike.

Key to Exercise 19

1. Nwatakịrị nwanyị obụla ga-anwa ike ya.

2. Nwoke aḥu ekwughị onye aḥu.

3. A maara "Gulliver's Travels" nke ukwuu.

4. Ọ jụṛu ha ihe aḥu ha na -eri.

5. O zuru nna ya mgbe ọ na -aga egwuni egwu aḥu.

6. Linda Zụtara akwụkwọ aḥu na -ewu ewu n'ebe a na -ere akwụkwọ.

7. Asụsụ French, Ọ na-agbagwoju gị anyā?

8. Kedu mgbe ị ga-abịa n'ubi m?

9.   Mmadu kwesiri ịkpọ ọlụ ya ihe.

10.   Francis Zatara sọsọ ajụjụ ise.

Key to Exercise 20

1.   Ebere Onye Odibo ahụ na -eme m.

2.   Kedu onye ị chọrọ ka gị nay a gwukọrịta egwu?

3.   Mmadu kwesịrị ịhụ nwanyị ya na-anya.

4.   Ihe mmadu chọrọ ka ọ ga -eme n'ime ụlọ ya.

5.   Madam jụnị ọbụ onye na-akụ aka n'ụzọ? Jack sịrị na ọ bụ ya.

6.   Ma James ma Sarah adịghị esom aga.

7.   Ụgbọ ala ahụ ka nọ otu ebe ahụ ọ nọ Kemgbe ọnwa atọ.

8.   E gbukaala ụgbọ mmiri ahụ.

9.   Muhammad bụ ọkachasị akụ okpọ n'oge ya .

10.   Nwoke ahụ na-aga ije ka nna ya.

ÀWỌN ÌDÁHÙN - YORUBA

ATỌNÀ SÍ IṢẸ 1

1.   Ìgbà wo ni o má a lọ síle?

2.   Àwọn ìwé yìí wúlò fún ak'ẹ̀kọ́ọ̀.

3.   Àwọn ọmọkùnrin lọ sí ibùdó igbaf'ẹ̀.

4.   Èmi ló yẹ kí n ti ṣe é.

5.   Ọkan lára àwọn ìwé náà kò sí nílé ìtàwé .

6.   Ilé tí ó p'ẹ jùlọ ní Cardiff nìyí .

7.   Láti ọjọ́ọ̀bọ̀ tí ó kọjá ló ti sùn.

8.   Bíi 'ọṣẹ kan ni àìsàn/àrùn k'ọ́ọ́lí ti ń ṣe é.

9.   Nínú gbogbo àwọn awakọ̀, òun ló dára jùlọ.

10.   Olùdásíl'ẹ ní òun yòó ṣí ilé 'ẹ̀kọ́ síl'ẹ lónìí .

ATỌNÀ SÍ IṢẸ 2

1.   Ó ti faramọ/ó sì tún ń faram'ọ àbá tí o dà .

2.   Ònk'ọwé ní dandan à fi kí òun parí ìwé náà .

3.   Kò sọ 'ọr̀ọ Kankan m'ọ.

4.   Àná ni w'ọn gba ọmọ 'ẹ̀k'ọ́ṣẹ tó gb'ẹ̀yìn w'ọlé.

5.   Ọ̀p'ọ̀ abilékọ/obìnrin ni w'ọn ṣe lés̀ẹ nínú ìjà igboro náà .

6.   Ọ̀p'ọ̀ akẹ̀k'ọ́ọ ni olùk'ọ jẹ níyà.

7.   Ojú ti ọmọbìnrin náà fún àw ọn òṣìṣ̀ẹ r̀ẹ.

8.   Àwọn ọmọdé-kùnrin méjéèje ní ìf̀ẹ ara wọn.

9.   Ọmọkùnrin méjéèjì ń bínú sí ara w ọn.

10.   Arábìnrin r̀ẹ ní owó tó p'ọ l̀ọẁọ.

ATỌNÀ SÍ IṢẸ 3

1. Arákùnrin mi àti arábìnrin mi ní wọn ní àànú.

2. Eré ni Paul má ń fi gbogbo ìgbà ṣe nílè àti lórí pápá.

3. Okùn ọrùn yìí dárà jù, kìí sìí ṣe ẹdà èyí tí à ń wò yẹn.

4. Iṣẹ àṣekára àti àfọkànsí ló mu ṣe àṣeyege.

5. Andrew ni ó ní ẹtọ láti jogún agbo ilé ń lá.

6. Ẹsùn ìwo iṣẹ níran ni wọn fi kàn-án.

7. Ní ọṣẹ mẹta sẹyìn ìlú London ni obìnrin náà wà tí ó ti ń ka ìwé.

8. Ṣé ó ní okun jùmí lọ?

9. Àwọn ẹgbọn rẹ ọkùnrin fi ìfẹ wọn hàn sími.

10. Àwọn igi rọbà rẹ ewé ní ọṣẹ kan sẹyìn.

ATỌNÀ SÍ IṢẸ 4

1. Ẹgbọn mi ń ràn mí lọwọ.

2. Ó fi àwòrán ọbabìnrin kọ ilé.

3. Ó tẹ àwọn oníjó lọrùn láti má wọ aṣọ tí kò fún wọn.

4. Ọkan lára àwọn ọmọ sọ fún mi pé ìjàmbá ti ṣẹlẹ.

5. Ó ní òun yòó lọ sí ilé ní ọjọ kejì.

6. Ọpọ ìwé ni wọn tò sí inú pẹpẹ.

7. Ó jẹ ọkan lára àwọn dókítà aládàáni tí ó ti lọ sí ìfẹ Faransé.

8. Ìròyìn náà bani lẹrù.

9. Ẹkọ ìṣirò/matimátíìkì kò yé ọmọbìnrin náà.

10. Arábìnrin Taylor ti dá ìwé tí kò le kà padà.

ATỌNÀ SÍ IṢẸ 5

1. Ọmọbìnrin tí kò ní okun ń b`ẹrù àwọn yòókù/míràn.

2. Mo ní láti ripé iṣẹ àmúrelé jẹ ṣíṣe.

3. Ojoojúmọ́ ni ó má ń mu ọti wáìnì (wine).

4. Ọkùnrin náà kò lè san gbèsè tí ó jẹ.

5. Ìṣọwọ́ kọ iwé ọmọbìnrin náà kò ṣe kà.

6. Ṣé wà sọ ìtàn tí o ti gbọ́ fún mi?

7. Sílífà (silver) tí ó fi kan léédì (lead) ni owó rẹ ti lọ sí òkè.

8. Dókítà náà kòì yí `ẹyìn nígbàtí àw ọn ńọọsì ti pariwo.

9. Ilé ìwòsàn náà ní àw ọn iyàrá tí ó ní ààyè.

10. Àwọn olùgbàlejò kó ipa nínú bí w`ọn ṣe pín`nkan ìpanu ní yàwàlù.

ATỌNÀ SÍ IṢẸ 6

1. Ẹnu ni olùdáníl'ẹk`ọọ fi jẹ iṣẹ rẹ, kò kọ síl`ẹ.

2. Ẹka àkànṣe ọ́ọpàá ni wọn yàn pé kó ṣe ìwádìí wàhálà náà.

3. Wọn pa àwọn ọmọkùnrin tí ó wà nínú b`ọọsì náà.

4. Àwọn tí wọn ní iṣẹ ḷọwọ́ ni wọn gbọ́ḍọ lẹ́wájú nínú ìgbé ayé s`ọ-owó-ná.

5. Awọ́n ọmọkùnrin méjééjì ni w`ọn wá ojútùú sí ì ṣòro ara wọn.

6. Mo ti ń ṣe àìsàn láti `ọṣẹ márùn-ún.

7. Wọn ba ago tí ó wà lórí tábílì j`ẹ.

8. Taani o sọ ìròyìn náà fún?

9. Ojú Dennisi jọ ẹni ti ara rẹ̀ kòda, àbí kò jọ́ọ?

10. Ọmọbìnrin tí ó ti fìgbàkan níf`ẹẹsí rẹwà.

ATỌNÀ SÍ IṢẸ 7

1. Ọmọbìnrin náà ń bínú sí mi .

2. O lè lo kóọbù yìí nígbà tí o bá ti f'ẹ.

3. Edison ni ó ṣe àwọn gílóòbù /bóọbù ìgbàlódé ti iná 'ẹ́ẹ́ńtíríkì .

4. Ó dára láti sá fún mímu ọtí líle .

5. Dafidi ni agbáb'ọọlù tí ó dára jùlọ.

6. Òun ni ẹgb'ẹ gbé ipò ak'ọwé fún .

7. Mo rí igi ọpẹ tí ìjì wó lul'ẹ.

8. Oúnjẹ nìkan k'ọ ni ọmọ ọba fún, ó fun ní owó p'ẹlú .

9. Mo ti jẹ oúnjẹ àárọ̀ mi kí ó tó dé .

10. Òtíťọ ni àwọn ọmọkùnrin náà sọ.

ATỌNÀ SÍ IṢẸ 8

1. Ọkùnrin tí ọpọlọ rẹ bá pé a máa pèsè síl'ẹ fún ọjọ ogbó .

2. Yálà olùk'ọ tàbí ak'ẹẹkọ, 'ọkankan wọn kò si ní òde ijó .

3. Òṣìṣẹ alábàá ṣe kìí jáde lọ ṣiṣẹ.

4. N ò nífẹ́ẹ sí 'ọkankan lára 'ẹbùn náà .

5. Ọkùnrin náà ṣe olóòòťọ ju àwọn oníṣowò yókù lọ.

6. Èdè Faransé j'ẹ èdè tí ó nira púp'ọ láti k'ọ.

7. Ọk'ọọkan àwọn ọmọkùnrin náà ní ìm'ọ 'ẹkọ ìṣirò/matimátììkì dáadáa .

8. Ọmọkùnrin náà ń jókòó ní 'ẹgb'ẹ 'ẹgb'ọn rẹ.

9. Ọmọkùnrin náà ja sí inú odò .

10. Ọmọbìnrin àti ọmọkùnrin ťọ ara wọn sọnà nínú òkùnkùn .

ATỌNÀ SÍ IṢẸ 9

1. Láàrin èmi àti iwọ ni ọ̀rọ̀ yìí o.

2. Ọmọkùnrin náà gbóyà bí èmi.

3. Aṣọ tuntun dára ju àlòkù lọ.

4. Ọdọbìnrin gb'ọdọ ṣọra ṣe nínú iṣẹ ilé.

5. Gbogbo ìwé tí ó wà lóríi tábílì ni ọmọbìnrin kó lọ.

6. Èèyàn kò lè jẹ ǹnkan tí ó f'ẹràn.

7. Ṣé wà kọ ìwé sí ìyá r ẹ?

8. Dókítà /oníṣègùn wo àrùn tí ń ṣe aláìsàn sàn.

9. Ọgb'ẹni náà ní okun jù mí l ọ.

10. Ọ̀kọ̀ọkan àwọn n'ọ̀ọsì náà ni dókítà ta lóji.

ATỌNÀ SÍ IṢẸ 10

1. Èyí ni ọ̀kan lára ilé tí oní ìm`ọ̀ nípa àgbékal`ẹ̀ ilé (architect) kọ́.

2. Kí èèyàn ní ọgb'ọn dáru ju ọ̀rọ̀ lọ.

3. Ọ̀kọ̀ọkan àwọn ogún ak'ẹkọ́ọ náà ni wọ́n pè sí inú gb`ọngàn.

4. Ọkan lára òṣiṣẹ́ gb'ẹnàgb'ẹnà tí wọn gbà sí iṣẹ́ ni wọ́n ti lé dànù.

5. Ibùdó iṣẹ́ náà ti bàj'ẹ ju ti t'ẹfẹ́ lọ.

6. Olùdáníl'ẹkọ́ọ náà bínú sí ak`ẹkọ́ọ.

7. Ìlera ṣe pàtàkì ju ọ̀rọ̀ lọ.

8. London ni ó tóbi jùlọ nínú gbogbo ìlú tí ó wà ní UK.

9. Iṣẹ́ àṣekára ṣe pàtàkì fún à ṣeyege nínú ìdánwò.

10. Ojoojúmọ ni aláìsàn náà ń l ọ sí ilé ìwòsàn.

ATỌNÀ SÍ IṢẸ 11

1. Ìlú Birmingham ni ó tóbi jù èyíkéyìí ìlú tí ó wà ní Midlands l ọ.

2. Nítorí ó j'ẹ ọsán ọjọ sátidé, wọn ti gbogbo is'ọ.

3. Mo lérò pe Andrew dára jù láàrin àw ọn méjéèjì nínú t ẹnisi gbígbá.

4. Èyí ni ìkọlù tí ó burú jùl ọ tí a tíì faradà rí.

5. Irú àwọn ìwé b'ẹẹ kò yẹ kí wọn fún àwọn ọmọdé.

6. Alákòsó agbègbè (Mayor) ni òpómúléró agbègbè wa.

7. Yálà Tom tàbí John 'ọkankan wọn kò ní bámi wa.

8. Ìwọ àti Charles ni 'ẹ ń ṣojú ìlú wa.

9. Ó dàbi ẹni pé bí àw ọn ọmọkùnrin náà ṣe múra jora.

10. Bàbá náà ní ìf'ẹ fún ọmọkùnrin rẹ.

ATỌNÀ SÍ IṢẸ 12

1. Gbogbo àw ọn afiṣẹ ayàwòrán ṣe àb'ọṣẹ ma ń gbajúm'ọ.

2. Èèyàn lè ṣe bó ṣe wùú nínú ilé r'ẹ.

3. Inú mi dùn láti rí ì pè r ẹ ní ọjọ Sunday tí ó ń b'ọ.

4. Arẹwà omidan tí gbogbo 'ọrẹ fẹran ni Mandy.

5. Kílódé tí o fi pa ir'ọ?

6. Ọmọbìnrin náà gbìyànjú láti padà kíákíá.

7. Aṣọ ọmọbìnrin náà gbówó lérí ju tèmi l ọ.

8. O ní láti ronú pìwàdà láìp 'ẹ.

9. Ọk'ọ̀ọkan àwọn ọmọbìnrin méjìlá ni w'ọn fún ní 'ẹbùn.

10. Ẹnìkan lára wa gb'ọdọ lọ sí ibi ìpàdé náà.

89

ATỌNÀ SÍ IṢẸ 13

1. Mo ti rí ẹyẹ nínú àkámọ́ ri.

2. Onímọ̀ iṣẹ́ iṣẹ̀gùn ń dá àwọn aláìsàn lóhùn.

3. O gbọ́dọ̀ gbìyànjú láti jẹ́ kí nǹkan àṣírí yìí pamọ́ sí ààrin wa.

4. Charles Dickens ni ó kọ ìwé ìrètí ń lá (Great Expectations).

5. Becky sọ fún pe, kó dá gègé náà padá l'ẹ̀ṣẹ̀kẹsẹ̀.

6. Èso ni aládàníkàn gbè ẹdá fi gbé ẹmí rẹ ró.

7. Olùkọ́ kò rí ọkankan lára àwọn ìsánsá náà mú rárá.

8. Wọn kò fi ààyè gba fífi ìyà tí o dógbin jẹ akẹkọọ ní ilé ẹ̀kọ́ mọ́.

9. Àwọn akẹkọọ ń kọ nípa nǹkan àfojúri ní yàrá ìwádìí.

10. Àwọn ọmọbìnrin méjééjì ran ara wọn lọwọ́.

ATỌNÀ SÍ IṢẸ 14

1. Bó ti ẹ jẹ pé o kúṣẹ́ẹ, ó gbéraga.

2. Wọn yóó pamí àti pé kò sí ẹni tí yóó gbàmí là.

3. Mo yege ìdá nrawò ti táàmù tí ó kọjá.

4. Ọmọbìnrin náà ń jó bíi tèmi.

5. Ọmọ ẹ̀kọṣẹ gbọ́dọ̀ gbọrọ sí ọgá ẹ lẹnu.

6. Christopher Columbus ni ó ṣe àwárí Amẹ́ríkà.

7. Ṣé mo lè wá ṣe eré pẹlú rẹ?

8. Àwọn olè yẹgi fún arinrìnàjò náà.

9. Ogun ìdojúkọjú sábà máa ń mú kó rẹ èèyàn.

10. Àwọn ọkọ máa ń ṣe ìrẹjẹ sí àwọn ìyàwó wọn.

ATỌNÀ SÍ IṢẸ 15

1. Ọmọbìnrin méjéèjì ló wá .

2. Ọmọkùnrin méjéèjì ní ìwé k'ọ́ọkan.

3. Taani ọpọlọ rẹ pé jùlọ, Tom àbí Kenny?

4. Ak̇ẹ́k̇ọọ kan ṣoṣo ni ó ṗẹwọ ilé ní 'ọṣẹ tí ó kọjá.

5. Àlejò náà ní agbára láti fi ara da bí 'nkan ṣe rí.

6. Ilé ìtajà yìí gbòòrò ju ìy ẹn lọ.

7. Ọmọdé ak̇ẹ́k̇ọọ tètè ḃẹ́rẹ kí ó ma baà ṗẹ.

8. Àwọn ak̇ẹ́k̇ọọ tí wọn wà ní yàrá ày'ẹwò kò jára mọ́ iṣẹ.

9. Swift ló kọ ìwé Gulliver's Travel.

10. Ọmọbìnrin náà ti gbàgbé ara sí inú i ṣẹ rẹ.

ATỌNÀ SÍ IṢẸ 16

1. Jẹ kí oníkálukú ṣe iṣẹ wọn.

2. Ọmọkùnrin náà kò wá ní ojọ ẹtí.

3. Ọmọdébìnrin náà ń j'ẹhun nínú ab'ọ.

4. Oníṣòwò náà dá owó tí ó tó owó fún i ṣẹ olóore.

5. Ìmọ̀ rẹ nínú èdè g'ẹ́ẹsì kò dára.

6. Ọkùnrin náà wà ní inú ìgbìm 'ọ onídàj'ọ́ọ.

7. Mo ti ṗẹ láti lọ sí ilé 'ẹ̀kọ lónìí.

8. Olùkọ́ náà fún mi ní àw ọn ìm'ọ tó dára.

9. Ogójì máìlì náà kìí ṣe ìrin kékeré.

10. Ọg̣ọrùn-ùn márùn-ùn ṗọùn kò lè tó láti ṣe iṣẹ náà.

ATỌNÀ SÍ IṢẸ 17

1. Ìpinnu náà wà láàrin èmi àti ìwọ.

2. Àdàbà mẹ́rin péré ni Andy pa.

3. Tí ó bá jẹ́ èmi ni ìwọ ni, ǹbá tí lọ.

4. Ẹgbọ́n mi obìnrin ti dùbúlẹ̀ fún wákàti mẹ́ta.

5. Ọ̀kọ̀ọ̀kan wọn ni olùkọ́ náà yin.

6. Gbogbo irun arákùnrin náà jẹ́ dúdú.

7. O gbọ́dọ̀ jẹ́ kí àwọn ọmọkùnrin náà ka àpilẹ̀kọ ọhún.

8. Àwọn ogún n'ọọ̀sì tí ó wà ní w'ọọdù náà ni wọ́n ran ara wọn lọ́wọ́.

9. Emi ni mo gba ìdì àwọn ìwé kan.

10. Wọn kò pe ẹnikẹ́ni fún eré oníṣe náà àyàfi àwọn olùdánilẹ́kọ̀ọ́.

ATỌNÀ SÍ IṢẸ 18

1. Njẹ́ mo le fẹlé ọ lọ sí gbọ̀gàn eré ìtàgé?

2. Mo ní dandan àfi bí w'ọn bá fún mi ní 'ẹ́tọ̀ tèmi.

3. Ó mú mi lẹ̀mìí láti rí ọ.

4. Ọkan fi ara pa, wọn sì rí 'ọkan mú.

5. Di ẹrù náà sílẹ̀ di ìgbà tí mo bá dé.

6. Ilé nìkan k'ọ ni ó kọ, ó kọ àáyè igb'ọkọsí náà.

7. Ìyá mìi kò fẹ́ bí mo ṣe dá sí 'ọrọ náà.

8. Ọkan 'ọjọkan ìdánilẹ́kọ̀ọ́ ni ilé ìwé náà ti ṣètó sílẹ̀.

9. Àìsàn tí ó ń ṣe ọmọkùnrin náà kò ṣe wò.

10. Afẹ́fẹ́ tútù dára fún ìlera gidi.

ATỌNÀ SÍ IṢẸ 19

1. Ọ̀kọọkan àwọn ọmọbìnrin tí ó wà nínú yàrá ìkẹ́kọ̀ọ́ náà yóó sa ipá wọn.

2. Ọkùnrin náà kò sọ ẹni tíí ṣe.

3. Ìwé (arìnrìnàjò) Gulliver's Travels ní òkìkí gan an .

4. Ó bi wọ́n kíni oun tí wọn ń jẹ?

5. Obìnrin náà pàdé bàbá rẹ̀ ní ọnà ibi tí ó ti ń lọ ṣeré.

6. Linda ní ọ̀kan lára àwọn ìwé tí ó ń tà jùlọ láti ilé ìtàwé náà.

7. Njẹ o ní ìsòro kankan láti gbọ́ èdè Faransé?

8. Ìgbà wo ni o máa wá sí ọgbà mi?

9. Ènìyàn gbọ́dọ̀ mu òwò rẹ̀ ní ọ̀kúnkúndùn .

10. Ìsòro márùn ún péré ni Francis ti ní ìdáhùn sí .

ATỌNÀ SÍ IṢẸ 20

1. Ènìyàn ò le sàì ká ànú ọmọ ọ̀dọ̀ náà.

2. Taani ìwọ yóó fẹràn jù láti bá ṣeré?

3. Ènìyàn gbọ́dọ̀ fẹràn ìyàwó rẹ̀.

4. Bí ó bá ṣe wu èèyàn lóle ṣe nínú yàrá rẹ̀.

5. Taani ó ń kan ìlẹ̀kùn mi? Èmi Jack ni ìyá .

6. Nínú James àti Sarah , kọ si ẹni tí ó ń tẹ̀lẹ̀ mi bọ̀.

7. Ojúkan náà ni ọkọ̀ òhun dúró sí fún o sù mẹ́ta.

8. Ọ̀kọ̀ ojú omi náà fọ yángá.

9. Muhammad ló jẹ́ akànṣẹ tí ó lágbára jùlọ láàrin àwọn akẹgbẹ́ rẹ̀.

10. Ọmọkùnrin náà rìn gẹ́gẹ́ bí bàbá rẹ̀ gan an.

Printed in the United States
By Bookmasters